15分で 一汁一菜

毎日のごはんはこれでいい！

武蔵裕子

講談社

CONTENTS

15分で作る一汁一菜献立

簡単ご飯と具だくさん汁で一汁一菜

野菜を使いきる一汁一菜

15分で無理なくできる

一汁一菜

「一汁一菜」とは、ご飯があって、それに汁（汁物）と菜（おかず）が1品ずつという、
和食の最もシンプルなスタイルのこと。
この本では、
○ ご飯に主菜と副菜で、汁物なし
○ ご飯物に具だくさんの汁物
でも、立派な一汁一菜としています。
家族が満足なら、毎日のごはんはもっと気楽で、もっと自由でいいと思うのです。
また、時短料理は数々ありますが、
今回は、15分でそんな一汁一菜を作ってしまうことにしました。それも、無理なく。
主菜を煮ている間に副菜を切ってあえれば、15分でできあがり。
調理がラクになるコツもこの後、たくさん紹介しますし、
主菜はもちろん、副菜レシピも満載。
どれもささっとできるのにおいしくて、また作りたくなるものがいっぱいです。

武蔵裕子

この本の使い方
- 大さじ1＝15㎖、小さじ1＝5㎖、カップ1＝200㎖です。
- 電子レンジは加熱時間を出力600Wで計算しています。ただし、機種によって時間は
  さまざまですので、あくまでも目安にして調整してください。
- だし汁は「できるだけ体にやさしいものを」と考え、p.7で紹介している水だしを3種類
  おすすめしていますが、市販のだしで代用してもかまいません。
- ご飯を炊く、乾物をもどす、豆腐の水けをきる、たれにつけ込む時間などは、調理時間
  に含んでいません。

これならできる時短のコツ9

コツ❶

下ごしらえが楽&
火の通りが早い素材を

下ごしらえが楽ですぐ調理できる、火の通りが早い、そんな時短素材を多用しましょう。きのこ類やレタス（右参照）のほか、のり（手でちぎれる）、ちくわ（袋から出してすぐ切れ、コクが出て生でも食べられる）、もやし（コクが出て、火の通りも早い。ひげ根はそのままでOK）などを常備、あるいは使い方を知っておくだけでも、いざというとき役立ちます。

きのこ類は洗わないでいいし、石づきを切り落とすだけでOK。火の通りが早く、味に奥行きが出る。

レタスは手でちぎれるうえ、生でも食べられるし、すぐ火が通る。

コツ❷

あらかじめ、切っておく

葉物野菜や香味野菜などは使いやすいサイズに切って保存袋や保存容器に入れておくと、調理にすぐ使え、時間の短縮に。どれも冷蔵庫で4～5日は保存可能です。

万能ねぎの小口切り、にんにく・しょうがのみじん切りなど、細かく切ったものは保存容器のほうが使い勝手がよい。

にらは4～5cm長さにカットし、保存袋に入れる。みそ汁や炒め物などに加えて。

キャベツは1枚ずつはがしてざく切りにし、保存袋に入れる。

ピーマンは半分に切ってへたと種を除き、保存袋に入れる。

コツ❸

下ごしらえは一度にすませる

下ごしらえは一度にすませてしまうと、あとが楽。
○ 玉ねぎやにんにく、しょうがの皮などは一度にまとめてむき、保存する
○ 里いもやじゃがいもは洗い、乾かして保存する
○ きのこ類は石づきを切り落としてほぐし、保存する（冷凍してもOK）
と、すぐ調理できます。一度、やってみるとその手軽さに重宝するはず。

コツ④

<u>倍量</u>を作っておく

下味をつけておくレシピ（p.12の「まぐろの韓国風づけ丼」、p.16の「鶏むねタンドリー」など）、長くおいたほうがおいしくなるレシピ（p.24「根菜のすし酢ピクルス」、p.63「にんじんとオレンジのラペ」など）は、通常1回使用分の倍量を作っておくと、翌日などにまた食べられ、確実に時短となります。お弁当のおかずにしても。

半分はその日の食卓に、残りの半分は保存しておきましょう。

コツ⑤

<u>素材数</u>は少なく

素材の数が多いほど、下ごしらえが増えて時間がかかります。時短を考えるなら素材数はできるだけ少なめに。たった1～2素材だけでも立派なおかずや汁物になります。

副菜

副菜

汁物

じゃがいもやキャベツ、
小松菜など、
1素材でも炒め物や汁物、
あえ物などが完成。

主菜

主菜

主菜

キャベツ×豚肉、
トマト×卵、
かぼちゃ×牛肉などというように、
野菜にたんぱく質を組み合わせれば、
2素材でも立派な主菜に。

コツ⑥

<u>調理道具</u>を上手に使う

段取りのよさも時短には外せない大事な要素。そこでフル稼働したいのが調理道具。イチ押しは、魚焼きグリル。グリルで焼いている間にコンロが使えるので、ご飯物、汁物、主菜、副菜が同時に調理可能です。そのうえ、火で焼き上げたものはおいしい！グリルで焼いた鶏むねなどは、お店で食べるような本格的な味わいです。電子レンジの便利さは言わずもがな。上手に組み合わせて使ってください。

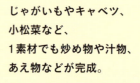

味が決まる調味料を常備

ポン酢、すし酢など、市販の合わせ調味料は時短に大活躍。ポン酢は鍋物に、すし酢は酢飯にと決めつけがちですが、とらわれすぎないで。あえ物やマリネ、炒め物など、幅広く使えます。

ポン酢 ……… p.33「えのきとねぎのポン酢炒め」、p.65「じゃがいものピリ辛ポン酢」など
すし酢 ……… p.24「根菜のすし酢ピクルス」、p.79「ごぼうと昆布のすし酢煮」など

水だし3種をフル活用

おすすめなのが、水だし。煮出したり、こしたりする手間は不要で、前日の夜、容器に水と材料を入れて冷蔵庫に置いておけば、翌朝にはおいしいだし汁ができているというれしいレシピ。料理の味に深みが増し、「時短したいけど、おいしいものを！」という人はぜひ作ってみて。今回は和洋中の、3種類の水だしレシピをご紹介。どれもひと口飲んだだけで、そのうまみが感じられます。冷蔵庫で1週間保存可能。

左から、和風水だし、洋風水だし、中華風水だし。

和風水だし

レシピ中の「だし汁」に代用できます。

材料 ｜ 1ℓ分	
昆布	10cm長さ1枚
削り節	15〜20g
塩	ごく少々
砂糖	ごく少々
水	1ℓ

洋風水だし

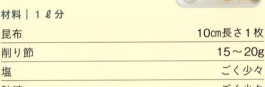

レシピ中の「水＋コンソメ顆粒」に代用できます。

材料 ｜ 1ℓ分	
セロリ（葉は適量をざく切りにし、茎の部分は斜め薄切りにする）	小1本
玉ねぎ（薄切り）	小1個
ローリエ	1枚
塩	ごく少々
水	1ℓ

中華風水だし

レシピ中の「水＋鶏がらスープの素」に代用できます。

材料 ｜ 1ℓ分	
長ねぎ（縦半分に切って斜め薄切り）	1本
しょうが（薄切り）	大1かけ
塩	ごく少々
水	1ℓ

混ぜただけの超ラクだれを多めに作っておく

最大の時短のコツ、それは「たれを作っておくこと」。たれ作りは面倒と思うかもしれませんが、どれも混ぜるだけでできあがり。今回、たれを使ったレシピをたくさん紹介しているので、2～3倍量を作り、素材をかえて使いこなしてください（ねぎ塩だれは冷蔵庫で4～5日、他は1週間保存可能）。

ねぎ塩だれ

かけてよし、からめてよし。
ねぎ塩が食欲をそそる

材料｜通常1回使用分の2～3倍量

長ねぎ（みじん切り）	1本
ごま油	大さじ2
酢	小さじ2
塩	小さじ²⁄₃
粗びき黒こしょう	少々

p.26「ロールチキン塩だれ」、p.54「大根と豚ばらのねぎ塩炒め」で使用しても。
→このほか、
「焼き肉」（焼き肉のたれに。カルビによく合う）
「魚介のねぎ塩がらめ」（帆立てやたこなどにからめる）
「豚肉とレタスの炒め物」（炒めた豚こまとちぎりレタスにからめる）にも

照り焼きだれ

しょうゆと砂糖の絶妙なバランス。
甘辛味は永遠の人気

材料｜通常1回使用分の2～3倍量

しょうゆ、酒	各大さじ3
砂糖、みりん	各大さじ1

p.41「はんぺんと玉ねぎの照り焼き」、p.64「じゃがいもの照り焼き」で使用しても。
→このほか、
「照り焼きチキン」（鶏むね肉を焼き、たれをからめて焼く）
「鮭照り焼き」（小麦粉をまぶした鮭を焼き、たれをからめて焼く）
「照り焼きハンバーグ」（ハンバーグのソースを照り焼きだれに）にも

チリだれ

ピリッと辛くてほんのり甘い、
あとを引く味

材料｜通常1回使用分の2～3倍量

水	カップ²⁄₃
トマトケチャップ	大さじ6
砂糖	大さじ3
酒	大さじ2
片栗粉	小さじ2
鶏がらスープの素	小さじ1
豆板醤	小さじ1～1½

p.36「えびとじゃがいものチリソース」で使用しても。
→このほか、
「厚揚げチリ」（玉ねぎ、ピーマン、厚揚げを炒め、たれをからめる）
「トマトと卵のチリ炒め」（炒めたトマトと卵にたれをからめる）
「鶏肉のキャベツ炒め」（鶏もも肉とざく切りキャベツを炒める）にも

マーボーだれ

香味野菜と香ばしい
みそのコクがたまらない

材料｜通常1回使用分の2～3倍量

水	カップ²⁄₃
みそ、酒	各大さじ1²⁄₃
しょうゆ、砂糖	各大さじ1
片栗粉	小さじ2
豆板醤	小さじ1
鶏がらスープの素	小さじ½

p.14「豆乳のにらマーボー」、p.68「マーボー小松菜」で使用しても。
→このほか、
「焼き油揚げのマーボーだれがけ」（油揚げを焼いてマーボーだれをかける）
「マーボーなす」（p.68「マーボ小松菜」の小松菜の代わりになすで）
「大根マーボー」（レンチンした大根にマーボーだれをかける）にも

15分で作る
一汁一菜献立

「15分で本当に一汁一菜の献立ができるの?」と思うかもしれませんが、

ページを開くと、「これならできそう!」に変わります。

最初におすすめの時短献立例を紹介し、

p.16からは、主菜を1品、

そしてその主菜に合う副菜を4品ご紹介していきます。

どれも主菜との相性は抜群。サラダにあえ物、汁物あり。

その日の気分、他の料理とのバランスで好きなものを選んでください。

もちろん、副菜だけを作るなんていう日があっても。

最初に3つの時短献立を紹介しましょう。

肉料理に魚料理、そして豆腐料理をメインにした献立です。

どれも簡単なのに目を引き、そして絶品おかずばかり。

とてもトータル15分で完成させたとは思えない味わい。

「時間がない、でもおいしいものが食べたい！」そんなときのお役立ちです。

簡単チキン南蛮風献立

主菜／調理時間10分

簡単チキン南蛮風しそマヨだれ

チキン南蛮と聞くと、「おいしいけど、手間がかかるよね」と思いがち。ところがこれはあっという間に完成！　もちろん簡単にできるコツが凝縮されています。「うちのいつものレシピ」に加えてください。

材料｜2人分

鶏から揚げ用肉	300g
A 青じそ（みじん切り）	2〜3枚
マヨネーズ	大さじ3
牛乳	大さじ1
こしょう	少々
ポン酢	カップ⅓
塩、こしょう	各少々
小麦粉	適量
サラダ油	大さじ4
キャベツ（太めのせん切り）	大2枚

作り方

❶ 鶏肉は塩、こしょうをふり、小麦粉を薄くはたきつける。Aは混ぜ合わせる。

❷ フライパンにサラダ油を中温（170℃）に熱して❶の鶏肉を入れ、3〜4分揚げ焼きにする。表面がカリッとしたら取り出して油をきり、熱いうちにポン酢につける。

❸ 器に❷を盛ってAをかけ、キャベツを添える。

切ってある鶏肉を選ぶ

鶏肉を切るのにもちょっと時間がかかり、まな板も汚れます。そこであらかじめ、切ってある肉をチョイス。より早く仕上げたいときの時短ポイントの一つです。

少ない油で揚げ焼きに

大量の揚げ油は熱するだけでも時間がかかるし、油の処理も、ひと手間。そこでフライパンを使い、少ない油でさっと揚げ焼きに。後片づけもぐっと楽ちん。

キャベツは太めのせん切りに

揚げ物とキャベツのせん切りは相性抜群。せん切りも細くと思うと手間がかかりますが、太めでももちろんOK。気も楽ですよね。

汁物／調理時間3分

豆苗の卵とじスープ

豆苗は、根元を切り落とすだけで下ごしらえ完成のお手軽素材です。卵も溶くだけでOK。下ごしらえが簡単＆短時間で火の通る素材を選ぶこと、そしておいしい和風だしを常備すること。ほかにテクニックはいりません。

材料｜2人分

豆苗	⅓袋
卵	1個
だし汁	カップ2
塩	小さじ⅓
こしょう	少々

水だしを常備しておく

p.7で紹介した水だしは、口にするとそのおいしさが実感できます。材料と水を容器に入れて一晩おくだけなので、作るのも本当に簡単。それでいてやさしい味わい。ぜひ、冷蔵庫に常備して。

作り方

1. 豆苗は根元を切り落とし、ざく切りにする。卵はよく溶きほぐす。

2. 鍋にだし汁を入れて中火で煮立て、豆苗を加えて塩、こしょうで味を調える。

3. 再び煮立ったら溶き卵を回し入れ、ふんわりしたら火を止める。

まぐろの韓国風づけ丼献立

ご飯物／調理時間7分

まぐろの韓国風づけ丼

短時間、つけ置くだけで味わい豊かな"づけ"になるのは、絶妙の調味料の配合バランスだから。あらかじめ切られた刺身用なら、一層時短に。ちぎった青じそや小口切りの万能ねぎをのせると、より風味アップに。たれにつけている間にスープを用意すれば無駄なし！

材料｜2人分

まぐろ（刺身用さく。切ってあるものでも）		200g
A	コチュジャン	小さじ⅔〜1
	しょうゆ	大さじ2
	みりん（ラップせずレンジで10秒加熱）	大さじ1
	ごま油	小さじ1
温かいご飯		丼2杯分
いり白ごま		適量

作り方

1. ボウルに**A**を混ぜ合わせる。
2. まぐろは7〜8mm厚さのそぎ切りにし、①に5〜10分つける。
3. 器にご飯を盛って②をのせ、白ごまをふる。

汁物／調理時間5分

ねぎの炒めスープのり風味

長ねぎは皮をむく必要がないので、玉ねぎに比べてより時短になる素材。さっと火が通る切り方なら、もっと素早くできます。扱いやすいしめじやのりで、あっという間に完成です。

材料｜2人分

長ねぎ		⅓本
しめじ		½パック
カットのり		3〜4枚
A	水	カップ2
	鶏がらスープの素	小さじ½
塩		小さじ⅓
ごま油		大さじ½

作り方

1. 長ねぎは斜め薄切りにする。しめじは石づきを切り落としてほぐす。器にのりをちぎって入れる。
2. 鍋にごま油を中火で熱し、長ねぎとしめじをさっと炒め合わせたら**A**を加え、煮立ったら塩で味を調える。
3. ①の器に②を注ぐ。

＊ 水と鶏がらスープの素は、中華風水だし(p.7)で代用できます。

つけている間に汁物を用意

まぐろをたれに5〜10分もつけるのに時短？　いえいえ、その間にスープを作ります。料理は段取りも時短の大きなポイント。どの順番で何をすると効率がいいのかを考え、時間を有効活用しましょう。

のりは器にちぎり入れるだけ

扱いやすく、火の通りのいい素材は時短汁物のお約束。のりはちぎるだけでよく、風味も豊か。時短汁物には欠かせない優秀素材の一つです。

豆乳のにらマーボー献立

主菜／調理時間10分

豆乳のにらマーボー

豆乳を入れるとコクが出て、ほどよいとろみに。たれもあらかじめ用意しておき、一度に加えるから手間がかかりません。なお、しょうがや長ねぎは細かく切って常備しておくと便利です（p.5参照）。

材料｜2人分

豚ひき肉		100g
木綿豆腐		1丁（300g）
にら（3cm長さに切る）		⅓束
しょうが（みじん切り）		1かけ
長ねぎ（小口切り）		⅓本
A	豆乳	カップ½
	みそ、酒	各大さじ1
	しょうゆ	大さじ½
	砂糖	小さじ1
	鶏がらスープの素、豆板醤	各小さじ½
サラダ油		大さじ1
ごま油		小さじ½

作り方

① 豆腐はキッチンペーパーに5～10分包んで水けをきり、8等分に切る。**A**は混ぜ合わせる。

② フライパンにサラダ油を中火で熱し、しょうがと長ねぎを炒める。香りが立ったらひき肉を加えてポロポロになるまで炒め、**A**をもう一度混ぜてから加える。

③ 豆腐とにらを加えて弱めの中火で2～3分煮たら、最後にごま油を加え、さっと混ぜ合わせる。

たれはあらかじめ混ぜ合わせておく

調味料を一つひとつ加えると、それだけで時間がかかります。そこで豆腐の水きりをしている間に、あらかじめたれを準備しておきましょう（加える前に再度、混ぜて）。

副菜／調理時間6分

トマトの黒ごまマリネ

ほんのりと香るしょうがが食欲をそそるアクセントに。豆乳マーボーを作る前にトマトを切ってたれにつけておけば、主菜ができあがるころには、ちょうどいいあんばいに。

材料｜2人分

トマト		2個
A	酢	大さじ2
	すり黒ごま、ごま油	各大さじ1½
	しょうゆ	大さじ1
	砂糖	大さじ½
	しょうが（せん切り）	小1かけ

作り方

① **A**はバットなどに混ぜ合わせる。

② トマトはへたを取って食べやすいくし形に切り、①に5分以上つけてなじませる。

トマトをたれにつけておく

豆乳マーボーを作る前に、トマトをたれにつけておいて。短時間で作ったマリネとは思えない深い味わいにびっくりするはず。

ここから、主菜を1品、
そして主菜に合う
副菜を4品、ご紹介します。

肉 の主菜

主菜／調理時間12分

鶏むねタンドリー

長くつけおくと思われがちなタンドリーチキンですが、あっという間に見事なおいしさ。ポリ袋でもみ込むので片づけも楽。チューブ入りにんにく（1cm分）を使えばもっと手軽。魚焼きグリルで焼けば、より、香ばしい仕上がりに。

材料｜2人分

鶏むね肉		1枚
A	プレーンヨーグルト（無糖）	カップ⅓
	トマトケチャップ、カレー粉	各大さじ1
	塩	小さじ⅓
	にんにく（すりおろし）	小さじ½
サラダ油		大さじ1
ベビーリーフ		適量

作り方

1 Aはポリ袋などに入れ、よく混ぜ合わせる。

2 鶏肉はやや大きめの一口大のそぎ切りにし、1に加えて袋の上からよくもみ込み、10〜15分おく。

3 フライパンにサラダ油を中火で熱し、2を2〜3分焼き色がつくまで焼く。返してふたをし、弱めの中火で5〜6分焼く。

4 器に盛り、ベビーリーフを添える。

＋ もう1品はここからチョイス

カラフル野菜のさっと煮

オクラもずく

レタスのバジルマスタード

納豆みそ汁 青じそ風味

カラフル野菜のさっと煮

オリーブオイルは仕上げに加えると風味が生きます。
ミニトマトは皮に穴をあけ、破裂を防いで。

材料｜2人分

ブロッコリー		½個
ミニトマト		6～8個
A	水	カップ½
	しょうゆ	小さじ1
	コンソメ顆粒	小さじ½
	砂糖	1つまみ
オリーブオイル		少々

作り方

1. ミニトマトはようじで数ヵ所、皮に穴をあける。ブロッコリーは小房に分ける。

2. 鍋にAを入れて煮立て、1を加えて中火で2～3分煮る。仕上げにオリーブオイルをたらす。

   ＊ 水とコンソメ顆粒は、洋風水だし(p.7)で代用できます。

レタスのバジルマスタード

超早ワザの速攻サラダですが、風味のよさは抜群。
バジルはフレッシュなものを使って、香り豊かに。

材料｜2人分

レタス		½個
A	生バジル（みじん切り）	6～7枚
	オリーブオイル、粒マスタード	各大さじ1
	塩	小さじ¼

作り方

1. ボウルにAを入れて混ぜ合わせる。

2. レタスを食べやすい大きさにちぎって1に加え、よくあえる。

オクラもずく

オクラの表面についた細かい毛は、
板ずりして口当たりよく。ヘルシーなネバネバおかずです。

材料｜2人分

オクラ		5本
もずく		50g
A	酢	大さじ2
	みりん（ラップせずレンジで10秒加熱）	大さじ1
	砂糖、しょうゆ	各小さじ1
いり白ごま		少々

作り方

1. オクラは板ずり（塩適量／分量外）してさっと洗い、1cm幅に切って耐熱ボウルに入れる。ふんわりラップをし、電子レンジで40秒加熱する。もずくはさっと洗い、水けをしっかりきる。

2. ボウルにAを合わせて1を加えてあえ、器に盛って白ごまをふる。

納豆みそ汁 青じそ風味

どれもすぐに火の通る素材ばかりなので、速攻仕上げ。
和風だしや青じそで風味をプラス。

材料｜2人分

ひきわり納豆	1パック
だし汁	カップ2
みそ	大さじ2
青じそ	2～3枚

作り方

1. 鍋にだし汁を入れて中火にかけ、煮立ったら納豆を加える。みそを溶き入れて一煮し、火を止める。

2. 器に盛り、手でちぎった青じそを散らす。

肉 の主菜

ひき肉の
カレー肉じゃが

定番おかずの肉じゃがも、ひき肉を使う
と手早く完成します。野菜にひき肉がか
らんで、うまみもアップ。落としぶたを
するとより煮込み時間が短縮できるの
で、やってみて。味のアクセントにカレ
ー粉をプラスしました。

材料｜2人分

合いびき肉		150g
じゃがいも		2個
玉ねぎ		½個
にんじん		½本
水		カップ1½
A	酒	大さじ1
	しょうゆ、砂糖	各大さじ½
	カレー粉	小さじ1強
サラダ油		大さじ½

作り方

❶ じゃがいもは半分に切ってさらに6等分に切り、
　 水にさらす。玉ねぎはくし形切りに、にんじんは
　 乱切りにする。

❷ フライパンにサラダ油を中火で熱し、ひき肉をポ
　 ロポロになるまで炒めたら、玉ねぎ、にんじん、
　 水けをきったじゃがいもを順に炒め合わせる。

❸ 全体に油がまわったら分量の水を加えて強火に
　 し、煮立ったら中火にしてアクを取り、アルミホ
　 イルで落としぶたをする。5〜6分煮たらAを加
　 え、煮汁が半量になるまで煮る。

＋ もう1品はここからチョイス

レンジなすのじゃこ甘酢

白菜のコールスロー

炒めセロリの
ゆかりじょうゆ

炒めごぼうと
にんじんのみそ汁

18

レンジなすのじゃこ甘酢

じゃこをカリカリになるまで炒めるのがおいしさのコツ。
10分以上なじませるといっそう味がしみます。

材料｜2人分

なす		2本
ちりめんじゃこ		30g
A	酢	大さじ2
	みりん（ラップせずレンジで10秒加熱）	大さじ1
	砂糖	大さじ½
	しょうゆ	小さじ1
	塩	少々
ごま油		大さじ½

作り方

1 ボウルにAを混ぜ合わせる。

2 フライパンにごま油を弱めの中火で熱し、じゃこをカリカリになるまで炒めたら、熱いうちに1に加えてなじませる。

3 なすはピーラーで皮をむき、耐熱皿にのせてふんわりラップをして電子レンジで2分30秒加熱する。粗熱が取れたら食べやすい大きさに裂き、2に加えてなじませる。

炒めセロリのゆかりじょうゆ

セロリは斜め切りして繊維を断ち、口当たりよく。
ゆかりにしょうゆをプラスし、味を引き締めます。

材料｜2人分

セロリ	大1本
ゆかり	小さじ2
しょうゆ	小さじ1
オリーブオイル	大さじ1

作り方

1 セロリは縦半分に切ってから斜め薄切りにする。

2 フライパンにオリーブオイルを中火で熱し、セロリを炒める。しんなりしてきたら、ゆかりをふり入れ、最後にしょうゆを回しかけ、手早く炒め合わせる。

白菜のコールスロー

白菜の余分な水けを出すと、味がぼやけません。
白菜の代わりにキャベツやにんじん、かぶでも。

材料｜2人分

白菜		大3枚
塩		少々
A	酢	大さじ2
	砂糖	小さじ1
	塩	小さじ⅓
	粗びき黒こしょう	適量
	オリーブオイル	大さじ2½

作り方

1 白菜は6〜7cm長さに切り、縦に太めのせん切りにする。塩をふってもみ込み、しんなりしたら水けを絞る。

2 ボウルにAを混ぜ合わせ、1を加えて混ぜ、なじませる。

炒めごぼうとにんじんのみそ汁

ごぼうとにんじんは炒めてコクを引き出します。
根菜類は、薄く細く切るのが時短ポイント。

材料｜2人分

ごぼう、にんじん	各⅓本（各50g）
だし汁	カップ2
みそ	大さじ2
ごま油	小さじ1

作り方

1 ごぼうは皮をよく洗い、縦半分に切ってから斜め薄切りにし、水にさらす。にんじんは短冊切りにする。

2 鍋にごま油を中火で熱し、水けをきったごぼう、にんじんを入れて1分ほど炒める。

3 だし汁を加えてやわらかくなるまで煮たら、みそを溶き入れる。

肉 の主菜

豚肉ともやしの簡単南蛮づけ

薄切り肉を使い、揚げ焼きにして加熱時間と作業の手間を短縮。もやしはレンチンで素早く加熱（大急ぎならもやしのひげ根は取らなくても）。酢を多めに加えたたれで、さっぱり仕上げに。

材料｜2人分

豚ロース薄切り肉（半分に切る）		120g
もやし		1袋
A	酢	カップ⅓
	砂糖	大さじ½
	しょうゆ	大さじ1
	みりん（ラップせずレンジで10秒加熱）	大さじ2
	赤唐辛子（小口切り）	1本
塩、こしょう		各少々
小麦粉		適量
サラダ油		大さじ2〜3

作り方

1. もやしはひげ根を取って耐熱ボウルに入れ、ふんわりラップをして電子レンジで1分30秒加熱し、Aを加えてなじませる。
2. 豚肉は塩、こしょうをして、小麦粉を薄くまぶす。
3. フライパンにサラダ油を中火で熱し、2を揚げ焼きにして油をきり、1に加えてなじませる。

＋ もう1品はここからチョイス

長いもの梅肉ソテー

スナップえんどうのヨーグルトソース

豆苗とハムのさっと炒め

くずし豆腐の豆乳汁

長いもの梅肉ソテー

長いもは少し焦げ目がつくまで焼くと、香ばしい。
梅肉の甘酸っぱさがあとを引きます。

材料｜2人分

長いも		150g
A	梅干し	2個
	みりん	大さじ2
	しょうゆ	小さじ1
サラダ油		大さじ½

作り方

① 長いもは皮をむき、1㎝厚さの輪切りにする。A の梅干しは種を除いて細かくたたき、残りのAと 混ぜ合わせる。

② フライパンにサラダ油を中火で熱し、長いもを1 ～2分焼きつけたら、返してさらに2分ほど焼き つけ、Aを加えてからめる。

スナップえんどうの ヨーグルトソース

さっぱりした酸味が魅力のソース。いんげんや ブロッコリー、にんじんなどにかけても相性よし。

材料｜2人分

スナップえんどう		100g
A	プレーンヨーグルト	大さじ3
	マヨネーズ	大さじ1
	砂糖、塩	各小さじ¼

作り方

① Aは混ぜ合わせる。

② スナップえんどうは筋を取って斜め半分に切り、 耐熱ボウルに入れてふんわりラップをし、電子レ ンジで1分加熱する。

③ 器に盛り、①をかける。

豆苗とハムのさっと炒め

台湾の屋台風おかずはビールにぴったり。
豆苗は下ごしらえが楽でうまみもあり、時短の必須素材。

材料｜2人分

豆苗		½袋
ハム（細切り）		2枚
A	酒	大さじ½
	鶏がらスープの素	小さじ½
	塩、こしょう	各少々
ごま油		大さじ½

作り方

① 豆苗は根元を切り落とし、長さを半分に切る。

② フライパンにごま油を中火で熱し、豆苗とハムを 入れてさっと炒め合わせたら、Aで味を調える。

くずし豆腐の豆乳汁

豆腐に豆乳、みそというトリプル大豆のみそ汁。
豆乳汁は沸騰する直前にみそを溶き、火を止めて。

材料｜2人分

木綿豆腐		½丁（150g）
A	だし汁	カップ1½
	無調整豆乳	カップ½
みそ		大さじ1½
ごま油		大さじ½
万能ねぎ（小口切り）		適量

作り方

① 豆腐はキッチンペーパーに包んで水けをきる。

② 鍋にごま油を中火で熱し、豆腐をできるだけ手で 細かくくずしながら入れ、弱めの中火で1～2分 炒める。

③ Aを加え、煮立つ直前にみそを溶き入れ、少し煮 て火を止める。

④ 器に盛り、万能ねぎを散らす。

 **の主菜**

豚ばらとアボカドの粉チーズ炒め

手軽に下ごしらえできてボリューミー、コクもあるし、栄養満点。そんなアボカドを炒めてみると、新たなおいしさに出会えます。豚ばらで味に奥深さをプラス。シャキシャキ食感を残したレタスと一緒に召し上がれ。

材料｜2人分

豚ばら肉（3cm幅に切る）		100g
アボカド		小1個
レタス		大3枚
A	酒	大さじ2½
	粉チーズ	大さじ2
	塩	小さじ⅓
オリーブオイル		大さじ1
粉チーズ		適宜

作り方

1. アボカドは縦にぐるりと包丁で切り込みを入れ、両手でねじるようにしてひねって2つに割る。種の真ん中に包丁の刃元を刺して種を除き、皮をむいて一口大に切る。Aは混ぜ合わせる。
2. フライパンにオリーブオイルを中火で熱し、豚肉を炒める。色が変わったら1のアボカド、レタスをちぎりながら加える。
3. さっと炒めてAを加え、手早く炒め合わせる。
4. 器に盛り、好みでさらに粉チーズをふる。

＋ **もう1品はここからチョイス**

アスパラのケチャマヨあえ

きゅうりの香菜あえ

たことパプリカの和風マリネ

落とし卵のトマトスープ

アスパラのケチャマヨあえ

ナイスコンビのケチャップ＆マヨネーズ。
レンジで速攻加熱したアスパラとあえればできあがり。

材料｜2人分

グリーンアスパラガス		3本
A	マヨネーズ	大さじ1
	トマトケチャップ	大さじ1

作り方

1. Aは混ぜ合わせる。
2. アスパラガスは根元の固い部分を2cmほど折って除き、7～8mm幅の斜め切りにする。
3. 耐熱ボウルに2を入れてふんわりラップをし、電子レンジで1分30秒加熱したら、1を加えてあえる。

きゅうりの香菜あえ

きゅうりと香菜（シャンツァイ）は相性抜群。
ごま油も加え、エスニック風味に。おつまみにもおすすめ。

材料｜2人分

きゅうり		1本
A	香菜（粗みじん切り）	1株
	ごま油	大さじ1
	しょうゆ	大さじ½

作り方

1. きゅうりは縦半分に切ってからやや厚めの斜め切りにし、塩少々（分量外）をふる。
2. 軽く水けをきってボウルに入れ、Aを加えて混ぜ合わせる。

たことパプリカの和風マリネ

彩り鮮やかな取り合わせ。冷蔵庫で2～3日
保存可能なので、多めに作って作り置きしても。

材料｜2人分

ゆでだこ		100g
パプリカ（黄）		1個
A	オリーブオイル	大さじ2
	酢	大さじ1½
	しょうゆ	小さじ2
	砂糖	小さじ1

作り方

1. たこは一口大のそぎ切りにしてボウルに入れ、Aを加えて混ぜ合わせる。
2. パプリカはへたと種を除いて食べやすい大きさに切り、ふんわりラップして電子レンジで40秒加熱する。1に加え、さっと混ぜてなじませる。

落とし卵のトマトスープ

トマトと卵は火の通りが早く、時短レシピに
ぴったりの素材。ふたをして、さらに加熱時間を短縮。

材料｜2人分

トマト		1個
卵		2個
A	水	カップ1½
	コンソメ顆粒、塩	各小さじ½
	こしょう	少々

作り方

1. トマトはへたを除いて、小さめのざく切りにする。
2. 鍋にAを入れて煮立て、トマトを加えて一煮する。卵を割り入れてふたをし、弱火で好みの固さに煮る。

＊ 水とコンソメ顆粒は、洋風水だし（p.7）で代用できます。

肉 の主菜

ざっくり
チンジャオ

牛肉は火を通しすぎないよう、少し面倒でも先に取り出しておき、最後に戻すのがおいしさのコツ。一度に味の決まる合わせ調味料は倍量作っておくと、便利です。副菜はさっぱり味が相性◎。

材料｜2人分

牛切り落とし肉		150g
A	酒、しょうゆ	各大さじ½
	片栗粉	小さじ½
ピーマン		2個
玉ねぎ		½個
B	砂糖、酒、オイスターソース、しょうゆ	
		各大さじ1
	ごま油、こしょう	各少々
サラダ油		大さじ1
温かいご飯		適宜

作り方

1. 牛肉は大きめに切り、**A**をまぶす。ピーマンはへたと種を取って乱切りにする。玉ねぎは1cm幅に切る。**B**は混ぜ合わせる。

2. フライパンにサラダ油の半量を熱し、牛肉を入れて炒める。しっかりと色が変わったら取り出す。

3. **2**に残りのサラダ油を足してピーマンと玉ねぎを炒め、しんなりしてきたら**2**の牛肉を戻し入れ、**B**を加えて手早く炒め合わせる。

4. 好みで器にご飯を盛り、**3**をのせる。

＋ もう1品はここからチョイス

レタスとわかめのみそドレ

紫玉ねぎのしょうがだれ

根菜のすし酢ピクルス

春菊と豆腐のスープ

レタスとわかめのみそドレ

みそドレはせん切り大根や薄切りのかぶ、きゅうりに
かけても。みりんはレンチンしてまろやかに。

材料｜2人分

サニーレタス	大3〜4枚
カットわかめ	3g
A オリーブオイル	大さじ2
みりん（ラップせずレンジで10秒加熱）、	
みそ、酢、すり白ごま	各大さじ1
砂糖	小さじ1

作り方

1. わかめは水でもどし、水けを絞る。Aは混ぜ合わせる。
2. サニーレタスをちぎりながら器に盛り、①のわかめを散らしてAをかける。

紫玉ねぎのしょうがだれ

酢としょうがのたれで、玉ねぎがいっそうさっぱり。
味がぼやけないよう、玉ねぎの水分はしっかり絞って。

材料｜2人分

紫玉ねぎ	1個
塩	小さじ½
A しょうが（せん切り）	小1かけ
酢	大さじ2
みりん（ラップせずレンジで10秒加熱）	大さじ1
砂糖、しょうゆ	各小さじ1

作り方

1. Aは混ぜ合わせる。
2. 紫玉ねぎはごく薄くスライスして、塩をふってもんでから、水に2〜3分さらす。
3. 水けを絞り、①とあえる。

根菜のすし酢ピクルス

時短に便利なすし酢。にんじんやパプリカは一緒にゆで、
作りおきしても（冷蔵庫で5〜6日保存可能）。

材料｜2人分

大根	120g
れんこん	100g
A 水、すし酢	各カップ¼
塩	少々

作り方

1. ボウルにAを入れて混ぜ合わせる。
2. 大根は4〜5cm長さの棒状に切る。れんこんは1cm厚さのいちょう切りにし、酢水（分量外）にさらす。
3. 鍋に湯を沸かし、大根と水けをきったれんこんを入れて5分ほどゆでる。
4. 水けをきって①に加え、10分以上なじませる。

春菊と豆腐のスープ

火の通りがいい素材選びは時短スープの鉄則。
生でも食べられるような具材だと、すぐ完成します。

材料｜2人分

木綿豆腐	½丁（150g）
春菊（1cm長さに刻む）	⅓株
A 水	カップ2
鶏がらスープの素	小さじ½
塩	小さじ½
こしょう	少々

作り方

1. 豆腐はキッチンペーパーに包んで水けをきり、直方体に切る。
2. 鍋にAを煮立て、春菊を加えて2分ほど煮る。
3. 豆腐を加え、塩、こしょうで味を調え、1分ほど煮る。

＊ 水と鶏がらスープの素は、中華風水だし（p.7）で代用できます。

肉 の主菜

簡単ビーフ
ストロガノフ風

ビーフストロガノフと聞くと、長時間、煮込む＆手間がかかるというイメージが。でもこのレシピは超簡単なのに奥深い仕上がり。玉ねぎをごく薄く切るのがおいしくなるコツの一つです。

材料｜2人分

牛切り落とし肉		200g
玉ねぎ		1個
バター		大さじ1
A	水	カップ½
	コンソメ顆粒	小さじ½
牛乳		カップ1
小麦粉		大さじ1
塩、こしょう		各少々
温かいご飯		茶碗2杯分
パセリ（みじん切り）		適宜

作り方

1. 牛肉は食べやすい大きさに切る。玉ねぎは薄切りにする。
2. フライパンにバターを中火で熱して玉ねぎを炒め、牛肉を加えて炒め合わせる。
3. 小麦粉をふり入れてなじませ、Aを加えて4分ほど煮る。牛乳を加えてさらに3〜4分煮たら、塩、こしょうで味を調える。
4. 器にご飯を盛って3をかけ、あればパセリをふる。

＊ 水とコンソメ顆粒は、洋風水だし(p.7)で代用できます。

＋ もう1品はここからチョイス

豆とグレープフルーツのマリネ

レンジじゃがのオリーブ塩

2色トマトのペペロンチーノ

アスパラセロリの洋風煮びたし

豆とグレープフルーツのマリネ

10分以上つけておくと、より味がしみてさらにおいしい。
オレンジで作ると甘みも加わります。

材料｜2人分

グレープフルーツ	1個
ミックスビーンズ	50g
A　酢	大さじ2
オリーブオイル	大さじ1½
砂糖	大さじ½
塩	小さじ⅓
こしょう	少々

作り方

① グレープフルーツは外皮と薄皮をむき、果肉を一口大にちぎる。

② ボウルにAを混ぜ合わせ、①とミックスビーンズを加えてあえる。

レンジじゃがのオリーブ塩

棒状に切ったじゃがいもをレンジでチンしただけの
超楽レシピですが、これがやみつきの味わい。

材料｜2人分

じゃがいも	2個
A　オリーブオイル	大さじ1½
塩	小さじ½
粗びき黒こしょう	適量

作り方

① じゃがいもは棒状に切る。

② 耐熱ボウルに入れてふんわりラップをし、電子レンジで4分加熱したらAを加えてあえ、粗びき黒こしょうをふる。

2色トマトのペペロンチーノ

彩り鮮やかな簡単おかず。
「もう1品欲しい！」ときのおつまみにもおすすめです。

材料｜2人分

ミニトマト（赤・黄）	14個
にんにく（粗みじん切り）	1かけ
赤唐辛子（小口切り）	1本
塩、粗びき黒こしょう	各少々
オリーブオイル	大さじ1

作り方

① ミニトマトはへたを除き、ようじで数ヵ所、皮に穴をあける。

② フライパンにオリーブオイルを中火で熱し、赤唐辛子とにんにくを焦がさないように炒める。

③ 香りが立ったらミニトマトを加えてさっと炒め、塩、黒こしょうをふって味を調える。

アスパラセロリの洋風煮びたし

淡い緑色のさっぱり煮びたし。作りおきすると、
より味がしみます（冷蔵庫で2日保存可能）。

材料｜2人分

グリーンアスパラガス	2本
セロリ	小1本
A　水	カップ⅔
コンソメ顆粒	小さじ⅓
塩	小さじ¼
こしょう	少々
粉チーズ	適量

作り方

① アスパラガスは根元の固い部分を2cmほど折って除き、7～8mm幅の斜め切りにする。セロリは縦半分に切ってから斜め薄切りにする。

② 鍋にAを入れて煮立て、①を加えて3分ほど煮る。

③ 塩、こしょうで味を調え、粉チーズを加えて火を止める。

＊水とコンソメ顆粒は、洋風水だし（p.7）で代用できます。

肉 の主菜

主菜／調理時間10分

ロールチキン
ねぎ塩だれ

鶏肉を広げて巻くのに、少し時間がかか
ると思うかも。でもレンジ加熱なので、
意外と手早く、さらに豪華な見た目に仕上
がります。急なおもてなしにも対応でき
るこのレシピは知っておくと便利。

材料｜2人分

鶏もも肉	大1枚（約300g）
にんじん	20g
キャベツ	大½枚
A 長ねぎ（みじん切り）	½本
ごま油	大さじ1
酢	小さじ1
塩	小さじ½
粗びき黒こしょう	少々
塩、こしょう	各少々

作り方

1 にんじんは斜め薄切りにしてからせん切りにす
る。キャベツは太めのせん切りにする。Aは混ぜ
合わせる。

2 鶏肉はまな板に置き、肉の厚さが均一になるよう
厚い部分に切り目を入れて開く。

3 肉全体に塩、こしょうをしてキャベツとにんじん
をのせ、肉を端からきっちりと巻く。ラップで包
み、両端をひねって閉じ、耐熱皿にのせる。

4 電子レンジで5分加熱したらそのまま冷まし、完
全に冷めたら食べやすい大きさに切って器に盛
り、Aをかける。

＋ もう1品はここからチョイス

かぼちゃのはちみつじょうゆ煮

いんげんのごまマヨ

なすとベーコンの煮物

油揚げと万能ねぎのみそ汁

かぼちゃのはちみつじょうゆ煮

ところどころ皮をむくと味が中までしみ込みます。
しっかり汁けをとばし、ほっこり仕上げて。

材料｜2人分

かぼちゃ		正味300g
A	水	カップ1
	はちみつ	大さじ1½
	しょうゆ	大さじ1

作り方

① かぼちゃは種とわたを取って3cm角に切り、皮をところどころむく。

② 鍋に①と**A**を入れて煮立て、弱めの中火で汁けがほとんどなくなるまで7〜8分煮る。

③ 鍋をゆすりながら完全に汁けをとばす。

いんげんのごまマヨ

白ごま×マヨネーズ×しょうゆで、いいあんばいに。
フライパン一つでできるのがうれしい。

材料｜2人分

いんげん（へたを取り、半分に切る）		100g
水		カップ¼
A	すり白ごま	大さじ1
	マヨネーズ	大さじ2
	しょうゆ	小さじ1

作り方

① フライパンに分量の水といんげんを入れて弱火の中火にかけ、ふたをして5分、蒸し煮にする。

② やわらかくなったらふたを取り、火を強めて、完全に水けをとばす。

③ ②に**A**を加えて手早くからめる。

なすとベーコンの煮物

ベーコンをカリッと炒めるのがポイント。
あとは主菜を準備する間に弱めの火でコトコトと。

材料｜2人分

なす		2本
ベーコン（1.5cm幅に切る）		2枚
だし汁		カップ⅔
A	酒、みりん、しょうゆ	各大さじ1
	砂糖	小さじ1
ごま油		大さじ½

作り方

① なすは縞目に皮をむき、食べやすい大きさの乱切りにして水に放す。

② 鍋にごま油を中火で熱し、ベーコンを炒めたら、水けをきったなすを加え、さっと炒め合わせる。

③ だし汁を加えて煮立て、**A**を加えてふたをする。弱めの中火で6〜7分、汁けが少し残るくらいまで煮る。

油揚げと万能ねぎのみそ汁

具材数が少ないと下ごしらえは楽ですが、
素材をうまく組み合わせて。たっぷり万能ねぎがポイント。

材料｜2人分

油揚げ	½枚
万能ねぎ（小口切り）	3〜4本
だし汁	カップ2
みそ	大さじ2

作り方

① 油揚げは縦半分に切ってから細切りにする。

② 鍋にだし汁を煮立て、油揚げと万能ねぎを入れて一煮し、みそを溶き入れて火を止める。

魚 の主菜

かじきの
ゆずこしょう焼き

かじきなどの切り身魚は、火の通りが早いお助け素材です。その分、たれの味がしみにくいので小麦粉をまぶし、味をからめるのがコツ。時間があるときは朝、たれにつけておきましょう。

材料｜2人分

かじき	2切れ
しめじ	1パック
小麦粉	適量
A　酒	大さじ1
しょうゆ、ゆずこしょう	各小さじ1
塩	少々
サラダ油	大さじ1

作り方

1. Aは混ぜ合わせる。
2. かじきは食べやすい大きさにそぎ切りにし、小麦粉をまぶす。しめじは石づきを切り落としてほぐす。
3. フライパンにサラダ油の半量を中火で熱し、しめじを入れて炒め、塩をして取り出す。残りの油を足してかじきを両面2～3分焼きつける。ややカリッとしたら❶を回しかけ、1分ほど煮からめる。
4. 器に❸のしめじとかじきを盛る。

＋ もう1品はここからチョイス

たたききゅうりの梅みそ

れんこんのレモンマヨ

青のりごまキャベツ

じゃがいもと
三つ葉のみそ汁

たたききゅうりの梅みそ

きゅうりをポリ袋に入れてたたき、
梅みそをあえただけでできあがり。

材料｜2人分

きゅうり		1本
A	梅干し（種を除いてたたく）	1個
	みりん（ラップせずレンジで10秒加熱）	大さじ1
	みそ	大さじ½

作り方

① きゅうりはポリ袋に入れ、めん棒で粗くたたく。

② ボウルにAを混ぜ合わせ、きゅうりを加えてあえる。

れんこんのレモンマヨ

れんこんは洋風あえ物にもおすすめ。ほんのり甘い
マヨソースにたっぷりのレモン汁でさっぱり。

材料｜2人分

れんこん		150g
A	マヨネーズ	大さじ2
	砂糖	小さじ1
	レモン汁	½個分
レモン薄切り		1枚

作り方

① ボウルにAを混ぜ合わせる。

② れんこんは一口大の乱切りにし、酢水（分量外）に1分ほどさらして水けをきる。

③ 耐熱ボウルに②を入れてふんわりラップをし、電子レンジで2分30秒加熱する。水けをきり、①に加えてあえる。

④ 器に盛り、いちょう切りにしたレモンを散らす。

青のりごまキャベツ

青のりと白ごま、ごま油がキャベツと相性よし。
太めのせん切りキャベツは時短のうえ、歯ごたえあり。

材料｜2人分

キャベツ		大2枚
塩		少々
A	いり白ごま	大さじ1
	青のり、しょうゆ	各大さじ½
	ごま油	小さじ1

作り方

① ボウルにAを混ぜ合わせる。

② キャベツは太めのせん切りにし、塩をふってもみ込み、1分ほどおく。水けを絞り、①に加えてあえる。

じゃがいもと三つ葉のみそ汁

じゃがいもは薄めに切って加熱時間を短く。
三つ葉はすぐ火が通るので、仕上げに加えて。

材料｜2人分

じゃがいも	1個
三つ葉	1株
だし汁	カップ2
みそ	大さじ2

作り方

① じゃがいもは5〜6mm厚さの半月切りにする。三つ葉は3cm長さに切る。

② 鍋にだし汁とじゃがいもを煮立て、じゃがいもがやわらかくなるまで煮たら、みそを溶き入れ、仕上げに三つ葉を加えて一煮する。

魚 の主菜

たらの
にらキムチ蒸し

にら＆キムチという黄金コンビの風味と味わいが、淡白なたらのうまみを引き出し、ご飯にもぴったりのおかずに。合わせ調味料をかけて蒸し煮にすればできあがる簡単さもうれしい。

材料｜2人分

たら		2切れ
にら		½束
キムチ		80g
A	酒、ごま油	各大さじ1
	しょうゆ	大さじ½
	鶏がらスープの素	小さじ1

作り方

❶ Aは混ぜ合わせる。

❷ にらは3cm長さに切り、キムチは食べやすい大きさに切る。

❸ フライパンにたらをのせ、その上ににら、キムチをのせて❶を回しかけ、ふたをして弱めの中火で6分蒸し煮にする。

＋ もう1品はここからチョイス

小松菜のごまみそあえ

しし唐のにんにく炒め

トマトナムル

えのきとねぎのポン酢炒め

小松菜のごまみそあえ

ほうれんそうやにんじんを、ごまみそであえても。
小松菜が温かいうちに手早くあえるのがコツ。

材料｜2人分

小松菜	200g

A	みりん（ラップせずレンジで10秒加熱）、すり白ごま、みそ	各大さじ1
	砂糖	小さじ2

作り方

① Aは混ぜ合わせる。

② 小松菜は根元を切り落としてよく洗い、2cm長さに切る。

③ 耐熱ボウルに②を入れてふんわりラップをし、電子レンジで2分加熱する。軽く水けを絞って①を加え、あえる。

しし唐のにんにく炒め

しし唐だけの炒め物は、たっぷり加えた
にんにくが決め手。メインのキムチにもぴったり。

材料｜2人分

しし唐	10本
にんにく（粗みじん切り）	1かけ
めんつゆ（3倍濃縮）、オリーブオイル	各大さじ1

作り方

フライパンにオリーブオイルとにんにくを入れて中火で熱し、しし唐を加えて炒め、めんつゆで味を調える。

トマトナムル

さっとゆがいたもやしやほうれんそうでも
風味豊かなナムルに。ごま風味が食欲をそそります。

材料｜2人分

トマト	大1個

A	にんにく（すりおろし）	少々
	すり白ごま	大さじ1½
	ごま油	大さじ1
	塩	小さじ⅓

作り方

① ボウルにAを混ぜ合わせる。

② トマトはへたを取って一口大に切り、①に加えてあえる。

えのきとねぎのポン酢炒め

味つけは、ポン酢だけなので時短に。
炒めると酸味が和らぎ、食べやすくなります。

材料｜2人分

えのきだけ	大1袋（200g）
長ねぎ（斜め薄切り）	½本
ポン酢	大さじ2
サラダ油	大さじ1

作り方

① えのきだけは根元を切り落とし、3等分の長さに切る。

② フライパンにサラダ油を中火で熱し、①と長ねぎを炒め、ポン酢を加えて手早く炒め合わせる。

魚 の主菜

主菜／調理時間10分

ぶりのみそ照り

甘辛の照り焼き味に加えたみそが、脂の
のったぶりのうまみを引き立てます。小
麦粉をつけることで、たれがからみ、い
っそう味わい深く。ぶりの横で玉ねぎを
炒めれば、添え野菜も同時に完成です。

材料 | 2人分

ぶり		2切れ
玉ねぎ		½個
小麦粉		適量
酒		大さじ1
A	みりん	大さじ2
	みそ	大さじ1
	砂糖	小さじ1
サラダ油		大さじ1

作り方

① ぶりは小麦粉を薄くはたきつける。Aは混ぜ合わ
せる。玉ねぎはくし形に切る。

② フライパンにサラダ油を中火で熱し、ぶりを両面
焼きつけたら、玉ねぎを加えてさっと炒める。

③ 酒を回し入れてふたをし、弱めの中火で4分蒸し
焼きにしたら、火を強めてAを加え、からめる。

＋ もう1品はここからチョイス

きのこのピリ辛煮びたし

長いものゆずこしょうあえ

大根とりんごのサラダ

はんぺんと貝割れの汁物

きのこのピリ辛煮びたし

さっと火の通るきのこを、和風の煮汁で煮るだけ。
酒のつまみにもいい感じ。

材料｜2人分

えのきだけ		½袋
しめじ		1パック
A	だし汁	カップ½
	みりん	大さじ½
	しょうゆ	大さじ⅔
	塩	小さじ¼
一味唐辛子		適宜

作り方

① えのきだけとしめじは石づきを切り落とし、ほぐす。

② 鍋にAを入れて煮立て、①を加えて中火で3分ほど混ぜながら煮る。

③ 器に盛り、好みで一味唐辛子をふる。

長いものゆずこしょうあえ

ゆずこしょうにみりんを加えてパンチを抑えました。
長いもはせん切りにすると、また違った食感に。

材料｜2人分

長いも		150g
A	みりん（ラップせずレンジで20秒加熱）	大さじ2
	ゆずこしょう	小さじ½

作り方

① ボウルにAを混ぜ合わせる。

② 長いもは皮をむいてめん棒などでたたき、①に加えてあえる。

大根とりんごのサラダ

大根とりんごに、すりおろしたりんご入りの甘酸っぱい
ドレッシングをかけた、ダブルりんごのサラダです。

材料｜2人分

大根（やや太めのせん切り）		150g
りんご		½個
A	りんご（皮をむいてすりおろす）	¼個
	オリーブオイル	大さじ1½
	酢	大さじ1
	砂糖	小さじ⅔
	塩、こしょう	各少々

作り方

① りんごは皮をよく洗って皮つきのまま太めのせん切りにし、塩水（分量外）に1～2分つけ、水けをきる。Aは混ぜ合わせる。

② ボウルに大根と①のりんごを入れて軽く混ぜ合わせる。

③ 器に盛り、Aをかける。

はんぺんと貝割れの汁物

包丁は貝割れ菜を切るのに使うだけ。
はんぺんはちぎりながら加え、速攻仕上げの汁物に。

材料｜2人分

はんぺん		½枚
貝割れ菜		½パック
だし汁		カップ2
A	酒	大さじ½
	しょうゆ	小さじ⅔
	塩	小さじ⅓

作り方

① 貝割れ菜は根元を切り落とし、2～3cm長さに切る。

② 鍋にだし汁を入れて煮立て、はんぺんをちぎりながら加える。再び煮立ったらAで味を調える。

③ 最後に貝割れ菜を加え、一煮する。

魚介 の主菜

主菜／調理時間10分

えびとじゃがいもの
チリソース

えびだけのチリソースはよくありますが、じゃがいもを加えると、ボリュームアップ＆より味わい豊かに。このチリソースは超ラクだれの一つ（p.8参照）なので多めに作り、他の料理でも活躍させて。豆板醤は好みに合わせて調整を。

材料｜2人分

むきえび	120g
じゃがいも	1個
酒	大さじ½
片栗粉	小さじ1
ごま油	大さじ1
A 水	カップ⅓
トマトケチャップ	大さじ3
砂糖	大さじ1½
酒	大さじ1
片栗粉	小さじ1
鶏がらスープの素	小さじ⅔
豆板醤	小さじ½〜1

作り方

❶ むきえびは酒と片栗粉をもみ込む。Aは混ぜ合わせる。

❷ じゃがいもは小さめの一口大に切り、耐熱ボウルに入れ、ふんわりラップをして電子レンジで2分加熱する。

❸ フライパンにごま油を熱し、❶のむきえびと❷を入れて炒め合わせたら、Aをもう一度よく混ぜてから加え、混ぜながらとろみが出るまで1分ほど煮る。

もう1品はここからチョイス

マッシュルームと水菜のごまポンあえ

豆腐とめかぶのごま油あえ

小松菜ののりびたし

しじみのガーリックスープ

マッシュルームと
水菜のごまポンあえ

さっぱり味の素材に、しっかり味のドレッシングで
深みをプラス。マッシュルームは、わかめでも。

材料｜2人分

マッシュルーム	2〜3個
水菜	1株
A ポン酢	大さじ4
ごま油、すり白ごま	各大さじ½

作り方

① Aは混ぜ合わせる。

② マッシュルームは薄切りにする。水菜はよく水け
を取って3cm長さに切る。

③ ボウルに②を入れて軽く混ぜる。器に盛って①を
かける。

豆腐とめかぶのごま油あえ

短時間なのに味がしみるのは、豆腐をざっくり
ちぎっているから。めかぶの代わりに貝割れ菜でも。

材料｜2人分

木綿豆腐	½丁（150g）
A めかぶ	½パック
塩	小さじ⅓
ごま油	大さじ1

作り方

① 豆腐はキッチンペーパーに包んで10分ほどお
き、水けをきる。

② ボウルに①を一口大にちぎりながら入れ、Aを加
えてよくあえる。

小松菜ののりびたし

磯の香りただよう一皿。しょうがが味のアクセントに。
にらや白菜、キャベツなどでもお試しを。

材料｜2人分

小松菜	½袋（100g）
のり（手巻き用）	1枚
A めんつゆ（3倍濃縮）	大さじ1½
水	カップ¼
しょうが（みじん切り）	少々

作り方

① Aはバットなどに混ぜ合わせる。

② 小松菜は根元を切り落とし、3cm長さに切る。

③ 耐熱ボウルに入れてふんわりラップをし、電子レ
ンジで1分加熱したら①にひたし、のりを大きめ
にちぎって加え、なじませる。

しじみのガーリックスープ

うまみたっぷりのしじみ。みそ汁にしがちですが、
ガーリックスープにしてもおいしい。

材料｜2人分

しじみ（砂抜き済み）	150g
A 水	カップ2
にんにく（粗みじん切り）	1かけ
B 酒	大さじ½
塩	小さじ⅓
粗びき黒こしょう	少々

作り方

① しじみは殻をこすり合わせるようにしてよく洗
う。

② 鍋にAと①を入れて中火にかけ、煮立ってきた
らアクを取り、弱火にして2分ほど煮る。

③ 貝の口が開いたら、Bで味を調える。

魚介 の主菜

あさりとトマトの
ピリ辛青菜煮

あさりとトマトにはうまみがたっぷり。炒めるとそのうまみが凝縮し、青菜にからみつきます。こしょうと赤唐辛子をふんだんに加え、大人好みのピリ辛味に。ご飯にかけたり、焼きそばのめんにかけてもおいしい。

材料｜2人分

あさり（砂抜き済み）	200g
トマト	大1個
チンゲン菜	1株
赤唐辛子（小口切り）	1本
ごま油	大さじ1
酒	大さじ2
塩	小さじ¼
こしょう	少々

作り方

❶ あさりは殻をこすり合わせるようにしてよく洗う。チンゲン菜とトマトはざく切りにする。

❷ フライパンにごま油を中火で熱し、赤唐辛子を焦がさないように炒め、チンゲン菜の茎の部分を加えてさっと炒める。

❸ あさりとトマト、酒を加えてふたをし、蒸し煮にする。

❹ あさりの口が開いたらチンゲン菜の葉の部分を加えて大きく混ぜ、塩、こしょうをして味を調え、汁けが少なくなるまで炒め煮にする。

＋ もう1品はここからチョイス

簡単マカロニサラダ

2色パプリカのパン粉炒め

カリフラワーの
カレーチーズソテー

しいたけのとろみ卵スープ

簡単マカロニサラダ

3分でゆで上がるマカロニは時短のお助け素材。
材料厳選の、シンプルなマカロニサラダです。

材料｜2人分

マカロニ（3分ゆでタイプ）	60g
スプラウト	1パック
マヨネーズ	大さじ2
塩、こしょう	各少々

作り方

① スプラウトは根元を切り落とし、ざく切りにして少量取り分ける。マカロニは袋の表示通りにゆで、水けをしっかりきる。

② ボウルにマカロニとスプラウトを入れ、マヨネーズを加えてあえ、塩、こしょうで味を調える。

③ 器に盛り、取り分けておいたスプラウトをのせる。

2色パプリカのパン粉炒め

オリーブオイルがなじんだパン粉はサクサク。
甘みを引き出したパプリカとからめて。

材料｜2人分

パプリカ（赤・黄）	各½個
オリーブオイル	大さじ2
パン粉	大さじ1½
塩、こしょう	各少々

作り方

① パプリカはへたと種を取り、横半分に切ってから縦に細切りにする。

② フライパンにオリーブオイルの半量を弱めの中火で熱し、パン粉を入れて炒める。パン粉がきつね色になったら塩、こしょうをし、取り出す。

③ フライパンに残りのオリーブオイルを熱してパプリカを炒め、しんなりしたら②を戻し入れ、手早く炒め合わせる。

カリフラワーの
カレーチーズソテー

カリフラワーは薄切りにして炒めてもおいしい。
粉チーズ＆カレー風味が食欲をそそります。

材料｜2人分

カリフラワー		⅓個
A	粉チーズ	大さじ1½
	カレー粉	小さじ½
オリーブオイル		大さじ1½

作り方

① カリフラワーは小房に分けて薄切りにする。Aは混ぜ合わせる。

② フライパンにオリーブオイルを中火で熱し、カリフラワーを炒めたら、ふたをして弱めの中火で1分ほど蒸し焼きにし、Aを加えて炒め合わせる。

しいたけのとろみ卵スープ

しいたけの軸は細切りにしてスープに加えてもOK。
しいたけと卵のうまみを味わって。

材料｜2人分

しいたけ		2個
A	卵	1個
	塩	少々
B	水	カップ2
	鶏がらスープの素	小さじ½
酒		小さじ1
塩		小さじ¼
しょうゆ		少々

作り方

① しいたけは軸を切り落とし、薄切りにする。

② Aは混ぜ合わせる。

③ 鍋にBを入れて煮立て、①、酒を加える。

④ 塩、しょうゆで味を調えたら②を細く流し入れ、ふんわりしたら火を止める。

＊ 水と鶏がらスープの素は、中華風水だし(p.7)で代用できます。

卵 の主菜

ふんわり卵の
たっぷりあん

卵にツナ＆野菜でボリュームたっぷり。卵は火を通しすぎないのがふんわり仕上げるコツ。「もうちょっとかな」というところで取り出して。

材料｜2人分

卵		4個
ツナ缶		小1缶（80g）
にんじん		⅓本
もやし（ひげ根を取る）		½袋
A	酒	大さじ½
	しょうゆ	小さじ1
	塩	少々
	だし汁	カップ⅔
塩、こしょう		各少々
片栗粉（倍量の水で溶く）		小さじ½
万能ねぎ（小口切り）		適量
サラダ油		大さじ1

作り方

1. ボウルに卵を割り入れ、塩、こしょうを加えて混ぜ、卵液を作る。ツナは汁けをきる。にんじんは斜め薄切りにしてからせん切りにする。

2. フライパンにサラダ油を中火で熱し、1の卵液を流し入れてさっと混ぜ、ふんわりしたら器に盛る。

3. 2のフライパンににんじんともやし、ツナを入れてAで調味し、2分ほど煮る。水溶き片栗粉を加えてとろみをつけ、2にかけて万能ねぎを散らす。

＋ もう1品はここからチョイス

まいたけのたらこ炒め

はんぺんと玉ねぎの照り焼き

さつま揚げと糸こんのカレー炒め

春雨とゴーヤとかにかまの酢の物

まいたけのたらこ炒め

あっという間に完成の簡単おかず。
日本酒のつまみにもGOOD。えのきだけで作っても。

材料｜2人分

まいたけ（ほぐす）		1パック
A	たらこ（身をこそげ出す）	40g
	酒	大さじ1
サラダ油		大さじ1

作り方

① Aは混ぜ合わせる。

② フライパンにサラダ油を中火で熱し、まいたけをしんなりするまで炒めたら、Aを加えて手早く炒め合わせる。

さつま揚げと
糸こんのカレー炒め

うまみたっぷりのさつま揚げ。
糸こんにゃくと炒め、カレー風味で新鮮な味わいに。

材料｜2人分

さつま揚げ		小2枚
糸こんにゃく（あく抜き済み）		100g
A	水	大さじ2
	和風だしの素	小さじ½
カレー粉		小さじ1
リラダ油		大さじ1

作り方

① 糸こんにゃくは水けをきり、食べやすい長さに切る。さつま揚げは5〜6mm幅に切る。Aは混ぜ合わせる。

② フライパンにサラダ油を中火で熱し、糸こんにゃくとさつま揚げをさっと炒めてAを加え、さらに炒める。

③ カレー粉を加え、なじませるように炒め合わせる。

はんぺんと玉ねぎの照り焼き

じんわりとうまみが出るはんぺん。
仕上げに火を強めてたれをからめ、照りをつけて。

材料｜2人分

はんぺん		1枚
玉ねぎ		½個
A	酒	大さじ1
	しょうゆ	大さじ⅔
	砂糖、みりん	各小さじ1
サラダ油		大さじ1
七味唐辛子		適宜

作り方

① はんぺんは一口大に、玉ねぎはくし形に切る。Aは混ぜ合わせる。

② フライパンにサラダ油を中火で熱し、玉ねぎを入れてしんなりするまで炒めたら、はんぺんを加えて炒め合わせる。火を強め、Aを加えてからめる。

③ 器に盛り、七味唐辛子をふる。

春雨とゴーヤと
かにかまの酢の物

ゴーヤは塩で下ごしらえすると、独特のクセが和らぎます。
甘辛味で食べやすく仕上げて。

材料｜2人分

春雨（ショートタイプ）		30g
ゴーヤ		½本
かにかま（細く裂く）		4本
A	酢	大さじ3
	しょうゆ	大さじ1
	砂糖	大さじ½
	みりん（ラップせずレンジで10秒加熱）	大さじ1

作り方

① ゴーヤはスプーンで種とわたをくりぬいて薄切りにし、塩少々（分量外）をふり、しばらくおいてもみ、水けを絞る。春雨は熱湯に5分ほどつけてもどし、水けをしっかりきる。

② ボウルにAを混ぜ合わせ、①、かにかまを加えてあえる。

お酒がおいしい速攻おつまみ

飲んでいるとき、「あと1品あれば!」と思うことがありますよね。時間はかけたくないけれど、おいしい肴になるレシピはいくつでも知っておきたいもの。どれも5分以内にできる、極上の速攻おつまみです。

まぐろの香菜だれ

材料と作り方｜2人分

1. 香菜1袋はみじん切りにしてボウルに入れ、しょうゆ、みりん（ラップせず電子レンジで10秒加熱）各大さじ1、砂糖小さじ1、ごま油大さじ½を加えて混ぜ合わせる。

2. まぐろ（刺身用さく）200gは一口大に切り、❶に加えてあえる。

きゅうりとレンジにんにくのカレーマヨ

材料と作り方｜2人分

1. ボウルにマヨネーズ大さじ1½、カレー粉小さじ½を混ぜ合わせる。

2. にんにく大1かけは耐熱容器に入れてふんわりラップをし、電子レンジで40秒加熱したらフォークでつぶし、❶に加えて混ぜる。

3. きゅうり1本は小さめの乱切りにし、❷に加えてあえる。

カマンベールソテーハニーマスタードがけ

材料と作り方｜2人分

1. 粒マスタード大さじ2、はちみつ大さじ1を混ぜ合わせる。

2. フライパンを弱めの中火で熱してカマンベールチーズ4切れを並べ、両面を1分焼きつけて器に盛り、❶をかける。

簡単ご飯と具だくさん汁で
一汁一菜

「ご飯に汁物とおかず」だけが一汁一菜ではありません。

ご飯物に具だくさんの汁物でも、一汁一菜。

ご飯には「おかず」といっていい具材が

のっている(混ぜ込んである)からです。

汁物も具材を多めにして、おなか満足、栄養バッチリ。

そのうえ、2品だから調理や後片づけだって楽ちんに。

休日のブランチにもおすすめの2品献立です。

混ぜご飯とスープ

チーズと黒ごまの風味豊かな混ぜご飯と、鶏もも肉のうまみがじんわり味わえるスープの
組み合わせ。スープには野菜を加え、栄養バランスもバッチリ。先にスープの準備を始め、
煮込んでいる間にご飯を用意すれば、同時に2つ完成です。

チーズと黒ごまの混ぜご飯

材料｜2人分

A	温かいご飯	300g
	プロセスチーズ（小さな角切り）	30g
	すり黒ごま	大さじ1½
塩		少々

作り方

ボウルにAを入れて混ぜ合わせ、塩で味を調える。

鶏もも肉の白菜スープ

材料｜2人分

鶏もも肉	½枚（150g）
白菜	大1枚
にら（3cm長さに切る）	¼束
A　水	カップ2
鶏がらスープの素	小さじ½
塩	小さじ½
こしょう	少々
ごま油	大さじ½

作り方

1 鶏肉は小さめの一口大に切る。白菜は大きめのざく切りにする。

2 鍋にごま油を中火で熱し、鶏肉をさっと炒めたら、Aを加えて煮立てる。

3 白菜とにらを加えてさらに2分ほど煮て、塩、こしょうで味を調える。

＊ 水と鶏がらスープの素は、中華風水だし(p.7)で代用できます。

混ぜご飯とスープ

フレッシュバジルを加え、エスニック風味あふれる混ぜご飯は、さっぱり味のかぼちゃスープと一緒に。この献立も、先にかぼちゃを加えたスープを煮立て、火が通るのを待つタイミングでご飯の準備をスタートしましょう。温玉は自分で作ってもかまいませんが、市販品だとより手軽です。

ご飯物／調理時間8分

ケチャップひき肉と
バジルのご飯 温玉のせ

材料｜2人分

合いびき肉	250g
温かいご飯	300g
生バジル	5〜6枚
温泉卵	2個
A　トマトケチャップ	大さじ2
塩、こしょう	各少々
サラダ油	大さじ½

作り方

❶ フライパンにサラダ油を中火で熱し、ひき肉をポロポロになるまで炒めたら、Aで味を調える。

❷ ボウルに❶とご飯を入れて混ぜ合わせ、バジルをちぎりながら加えてざっくりと混ぜる。

❸ 器に盛り、温泉卵をのせる。

汁物／調理時間6分

エリンギとかぼちゃのスープ

材料｜2人分

エリンギ	大1本
かぼちゃ	100g
玉ねぎ	¼個
A　水	カップ2
コンソメ顆粒	小さじ½
塩	小さじ½
オリーブオイル	適量

作り方

❶ エリンギは食べやすく裂く。かぼちゃは種とわたを取り、7〜8mm幅のくし形に切り、さらに4等分に切る。玉ねぎは1cm幅に切る。

❷ 鍋にAとかぼちゃを入れて煮立て、玉ねぎとエリンギを加えて2分ほど煮る。

❸ 塩で味を調え、オリーブオイルをたらす。

＊ 水とコンソメ顆粒は、洋風水だし(p.7)で代用できます。

のっけご飯とみそ汁

焼き鮭を1切れドンとのっけた、インパクトのあるご飯物。白ごまだれで、いっそう香り
よく仕上げました。一緒にいただくのは里いもメインのみそ汁。小松菜に大豆も加えてボ
リュームたっぷり。里いもは買ったときにまとめて洗い、乾かしておくとそのあとの扱い
が楽に（p.5参照）。

（p.5参照）

ご飯物／調理時間10分

焼き鮭のっけご飯
ごまオイルだれ

材料｜2人分

生鮭、または甘塩鮭	2切れ
A すり白ごま	大さじ2
しょうゆ、酢	各大さじ1
ごま油	大さじ½
砂糖	小さじ1
温かいご飯	300g
刻みのり	適量

作り方

① Aは混ぜ合わせる。

② 鮭は両面魚焼きグリルで6分ほどこんがりと焼く。

③ 器にご飯を盛り、②の鮭をのせて①をかけ、刻み
のりをのせる。

＊片面グリルのときはそれぞれ3～4分ずつ、焼く。

汁物／調理時間6分

里いもと水煮大豆と
小松菜のみそ汁

材料｜2人分

里いも	大1個
小松菜	1株
大豆（水煮）	100g
だし汁	カップ2
みそ	大さじ2

作り方

① 里いもは天地を落として皮をむき、薄切りにする。
ボウルに入れて塩少々（分量外）をふってよくも
み、水洗いしたらもう一度繰り返す。小松菜は根
元を切り落とし、2cm長さのざく切りにする。

② 鍋にだし汁と里いもを入れて煮立て、2分ほど煮
たら大豆と小松菜を加えてさらに2分ほど煮て、
みそを溶き入れる。

混ぜご飯とスープ

電子レンジは時短に欠かせない調理器具。じゃがいもも、すぐほっこり加熱できます。そこにたらこを加え、オリーブオイルで風味づけしたご飯物だから、たった7分で完成。汁物はしめじやベーコンを加えることで、奥深い味わいに。

タラモご飯

材料｜2人分

じゃがいも		1個
A	たらこ（身をこそげ出す）	80g
	オリーブオイル	大さじ1½
温かいご飯		300g
粗びき黒こしょう		適宜

作り方

① Aは混ぜ合わせる。

② じゃがいもは2cm角に切って耐熱ボウルに入れ、ふんわりラップをして電子レンジで2分30秒加熱する。

③ ②とご飯を加え、さっくりと混ぜる。

④ 器に盛り、好みで粗びき黒こしょうをふる。

しめじとアスパラ、ベーコンのスープ

材料｜2人分

しめじ	½パック
グリーンアスパラガス	3〜4本
ベーコン	2枚
コンソメ顆粒	小さじ⅓
水	カップ2½
塩、こしょう	各少々

作り方

① しめじは石づきを切り落とし、ほぐす。アスパラガスは根元の固い部分を2cmほど折って除き、2cm長さのぶつ切りにする。ベーコンは1cm幅に切る。

② 鍋に分量の水とベーコンを入れて煮立て、アスパラガス、しめじ、コンソメを加えてさらに2分ほど煮たら、塩、こしょうで味を調える。

＊水とコンソメ顆粒は、洋風水だし（p.7）で代用できます。

のっけご飯とスープ

トマトとしらす、オリーブオイルという、ちょっとおもしろい組み合わせですが、
ひとたび口にすると、やみつきになる味わいです。ボリュームのあるスープと一緒
なら、おなかも満足。あさりはうまみが出る、おすすめの時短素材の一つです。

ご飯物／調理時間3分

トマトとしらすの
オリーブオイルご飯

材料｜2人分

A	トマト（1.5cm角に切る）	1個
	しらす干し	50g
	オリーブオイル	大さじ1½
塩		少々
温かいご飯		300g

作り方

① ボウルに**A**を入れてさっくり混ぜ、塩で味を調える。

② 器にご飯を盛り、①をのせる。

汁物／調理時間4分

あさりとブロッコリー、
じゃがいものスープ

材料｜2人分

	あさり（砂抜き済み）	150～200g
	ブロッコリー（小房に分ける）	¼個
	じゃがいも	1個
A	水	カップ2
	コンソメ顆粒	小さじ½
B	塩	小さじ½
	しょうゆ	少々

作り方

① あさりは殻をこすり合わせるようにしてよく洗う。じゃがいもは小さめの一口大に切る。

② 鍋に**A**とじゃがいもを入れて煮立て、あさりとブロッコリーを加えて2分ほど煮る。じゃがいもがやわらかくなったら、**B**で味を調える。

＊ 水とコンソメ顆粒は、洋風水だし（p.7）で代用できます。

のっけご飯とみそ汁

キムチをザクザク切って材料を混ぜるだけですが、個性豊かなうまみが凝縮したのっけご飯に。卵の黄身を加えてもおいしい。合わせるのは、豚ばらとかぶのみそ汁。豚肉を先に炒めると香ばしさが立ちます。そのひと手間を惜しまないのが、この献立のポイント。

納豆キムチのっけご飯

材料｜2人分

ひき割り納豆（たれつき）	2パック
キムチ	100g
ごま油	大さじ1
温かいご飯	300g

作り方

1. キムチは粗みじん切りにする。
2. ボウルに納豆と付属のたれ、キムチ、ごま油を入れてよく混ぜる。
3. 器にご飯を盛り、2をのせる。

豚ばらとかぶのみそ汁

材料｜2人分

豚ばら肉	100g
かぶ	大1個
かぶの葉	1個分
ミニトマト	6個
だし汁	カップ2
みそ	大さじ2
サラダ油	大さじ½

作り方

1. 豚肉は3cm幅に切る。かぶは5〜6mm厚さのいちょう切りにする。葉はざく切りにする。ミニトマトはへたを取る。
2. 鍋にサラダ油を中火で熱し、豚肉を炒める。色が変わったらかぶと葉を加え、さらに炒める。
3. だし汁とミニトマトを加えてかぶがやわらかくなるまで煮たら、みそを溶き入れる。

のっけご飯と汁物

ダブル豆腐の2品献立だから素材が煮えるのを長時間、待つ必要なし。梅干しとごま油で風味づけした豆腐たっぷりののっけご飯も、うまみを吸い込んだがんもの汁物も、チャチャッとできてしまいます。

<table>
<tr><td>ご飯物／調理時間5分</td></tr>
</table>

しそ梅風味の豆腐丼

材料｜2人分

木綿豆腐		½丁（150g）
A	梅干し（種を除いてたたく）	2個
	ごま油	大さじ1
	めんつゆ（3倍濃縮）	大さじ½
青じそ（ざく切り）		2〜3枚
温かいご飯		300g

作り方

1. 豆腐はキッチンペーパーに包んで水けをきる。
2. ボウルに豆腐を入れてフォークでくずし、Aを加えて混ぜる。
3. 器にご飯を盛り、❶と青じそをのせる。

<table>
<tr><td>汁物／調理時間7分</td></tr>
</table>

がんもの汁物

材料｜2人分

がんもどき	小4個
まいたけ	½パック
長ねぎ	10㎝
だし汁	カップ2½
塩、しょうゆ	各小さじ⅓

作り方

1. まいたけは小さくほぐす。長ねぎは斜め薄切りにする。
2. 鍋にだし汁を入れて煮立て、❶とがんもどきを加えて弱めの中火で2分ほど煮る。
3. 塩、しょうゆで調味する。

野菜を使いきる

一汁一菜

一汁一菜に欠かせない、野菜たち。

ただ、一度の料理では使いきれないとき、ありますよね。

作るメニューがいつも同じ、なんていうことも。

そこで、野菜をとことん使いきる＆新鮮アレンジの

メニューを覚えておきましょう。

冷蔵庫で待機させがちな野菜を厳選し、

主菜に副菜、汁物など、

1つの野菜につき、4つのレシピをご紹介します。

主菜／調理時間7分

くったりキャベツと豚肉のソテー

材料｜2人分

キャベツ	⅓個
豚ロース薄切り肉	6枚
塩、こしょう	各少々
小麦粉	適量
サラダ油	大さじ1
粗びき黒こしょう	適量

作り方

❶ キャベツはざく切りにする。豚肉に塩、こしょうをして、小麦粉を薄くまぶす。

❷ フライパンにサラダ油の半量を中火で熱し、キャベツを入れてさっと炒めたら、ふたをして弱めの中火で1〜2分蒸し焼きにし、器に盛る。

❸ ❷のフライパンに残りの油を中火で熱し、豚肉を両面焼きつけて❷の器に盛り、粗びき黒こしょうをふる。

豚肉に小麦粉をまぶすことで、何もつけずに焼くよりカリッと仕上がります。

副菜／調理時間4分

キャベツとちくわの
お好み焼き味

材料｜2人分

キャベツ		大3枚
A	ちくわ（斜め薄切り）	小2本
	マヨネーズ	大さじ1½
	青のり、ごま油	各小さじ½
中濃ソース		適量
紅しょうが（刻んだもの）		大さじ1

作り方

❶ ボウルにAを混ぜ合わせる。

❷ キャベツはざく切りにする。耐熱ボウルに入れてふんわりラップをし、電子レンジで1分加熱したら❶に加えてあえる。

❸ 器に盛り、ソースをかけて紅しょうがを散らす。

いかにもB級グルメな感じですが、クセになる味。レンジでチンしてできあがり！

それでも残ってしまったら

p.5で紹介したように、ざく切りして保存袋に入れて（冷蔵庫で4〜5日保存可能）。春キャベツはやわらかいのでサラダに、冬キャベツは煮込み料理がおすすめです。

副菜／調理時間5分

キャベツとツナのカレーマヨ

材料｜2人分

キャベツ		大3枚
A	ツナ缶（汁けをきる）	小1缶
	マヨネーズ	大さじ1½
	カレー粉	小さじ½

作り方

❶ キャベツは太めのせん切りにする。**A**は混ぜ合わせる。

❷ キャベツは塩小さじ½（分量外）をふってもみ、3分ほどおく。

❸ 軽く水けを絞り、**A**に加えてあえる。

キャベツは塩をふって余分な水分を出しておくと、味がぼやけません。ひと手間がおいしさのポイント。

汁物／調理時間15分

キャベツと手羽の
くたくたスープ

材料｜2人分

キャベツ		¼個
手羽中		6〜8本
A	水	カップ1½
	コンソメ顆粒	小さじ½
	酒	大さじ1
塩		小さじ⅓
こしょう		少々
粒マスタード		適宜

作り方

❶ キャベツは葉をはがさず、やや大きめのくし形に切る。

❷ 鍋に❶と手羽中、**A**を入れて煮立てる。ふたをして弱めの中火にし、10分ほど煮たら塩、こしょうで味を調える。

❸ 器に盛り、好みで粒マスタードを添える。

＊ 水とコンソメ顆粒は、洋風水だし(p.7)で代用できます。

キャベツをざっくり大きく切るのが時短であり、おいしさにもなります。くたっと煮えたキャベツのうまみを楽しんで。多めに作れば、翌日には、味の深みがさらに増します。

主菜／調理時間10分

大根と豚ばらのねぎ塩炒め

材料｜2人分

大根	300g
豚ばら肉	150g
A　長ねぎ（みじん切り）	⅓本
酒	大さじ1
ごま油	小さじ1
塩	小さじ⅓
粗びき黒こしょう	少々
酒	大さじ1
ごま油	大さじ½

作り方

1 大根は3〜4cm長さの棒状に、豚肉は3cm幅に切る。Aは混ぜ合わせる。

2 フライパンにごま油を中火で熱し、豚肉をさっと炒めたら大根を加え、炒め合わせる。

3 酒を加えてふたをし、中火で5分ほど蒸し焼きにする。ふたを取って火を強め、Aを加えて手早く炒め合わせる。

大根を棒状に切ると、早く火が通ります。ねぎ塩だれ（p.8）で代用しても。

主菜／調理時間10分

大根と牛こまの
オイスター風味煮

材料｜2人分

大根	300g
牛切り落とし肉	150g
水	カップ⅔
A　オイスターソース、酒	各大さじ⅔
しょうゆ	大さじ½
砂糖	小さじ1
鶏がらスープの素	小さじ½
しょうが（せん切り）	1かけ
サラダ油	大さじ½

作り方

1 大根は7〜8mm厚さのいちょう切りに、牛肉は食べやすい大きさに切る。

2 鍋にサラダ油を中火で熱し、牛肉を炒める。大根を加えて炒め合わせ、分量の水を加えて煮立てる。

3 アクを取り、ふたをして中火で2〜3分蒸し煮にしたら、Aを順に加えて大根がやわらかくなるまで煮、強めの中火にして汁けがほとんどなくなるまで煮る。

大根を薄めに切ると、加熱時間が短縮できます。時間が経つと味がしみておいしくなるので、作りおきしても（冷蔵庫で2〜3日保存可能）。

| 副菜／調理時間7分 |

簡単ふろふき

材料｜2人分

大根	300g
A みそ	大さじ2
みりん（ラップせずレンジで10秒加熱）、	
水、砂糖	各大さじ1
いり白ごま	適量

作り方

1. Aは混ぜ合わせる。

2. 大根は3cm厚さの半月切りにし、耐熱容器に入れてふんわりラップをし、電子レンジで5分加熱する。

3. 器に盛り、❶をかけて白ごまをふる。

じっくり煮込んで時間がかかると思われがちなふろふき大根ですが、電子レンジで加熱するとあっという間に完成です。

| 汁物／調理時間3分 |

大根と大根葉の炒めみそ汁

材料｜2人分

大根	約3cm
大根の葉	3〜4本
だし汁	カップ2
みそ	大さじ2
ごま油	大さじ½
七味唐辛子	適宜

作り方

1. 大根は太めのせん切りに、葉は1cm長さに切る。

2. 鍋にごま油を中火で熱し、大根と葉を入れて1分ほど炒める。

3. だし汁を加えて大根がやわらかくなるまで煮たら、みそを溶き入れる。

4. 器に盛り、好みで七味唐辛子をふる。

旬の大根は葉にもビタミンA、Cなど栄養豊富。しっかりと使いきって。

それでも残ってしまったら

3〜4cm幅に切って皮をむき、保存袋に入れて冷凍しましょう（冷凍庫で3週間保存可能）。味がしみやすくなり、おでんや煮物が手軽に作れます。

主菜／調理時間4分

トマトと卵のレモンマヨ炒め

材料｜2人分

トマト	2個
卵	3個
塩、こしょう	各少々
A マヨネーズ	大さじ1½
レモン汁	大さじ1
砂糖	小さじ1
オリーブオイル	大さじ1½

作り方

1. トマトは一口大の乱切りにする。

2. ボウルに卵を溶き、塩、こしょうを加えて混ぜる。別のボウルにAを混ぜ合わせる。

3. フライパンにオリーブオイルの半量を強めの中火で熱し、卵を一気に流し入れ、ふんわりしたらすぐ取り出す。

4. 3のフライパンに残りのオリーブオイルを足し、トマトをさっと炒めたらAを加えて調味する。すぐに卵を戻し入れ、手早くふんわりと炒め合わせる。

卵を加熱しすぎずに、手早くふんわりと仕上げるのがおいしさのコツ。

副菜／調理時間5分

トマトのベーコンじょうゆあえ

材料｜2人分

トマト	1個
ベーコン（1cm幅に切る）	2枚
しょうゆ	大さじ1½
サラダ油	少々
粗びき黒こしょう	適量

作り方

1. トマトはざく切りにする。

2. フライパンにサラダ油を中火で熱し、ベーコンをカリカリに炒めたらしょうゆを加えてさっと炒め、すぐ火を止める。

3. ボウルにトマトを入れ、2を加えてあえる。

4. 器に盛り、粗びき黒こしょうをかける。

ベーコンをカリカリに炒め、うまみを凝縮させて。

副菜／調理時間3分

トマトのねぎしそあえ

材料｜2人分

トマト		大1個
A	長ねぎ（みじん切り）	大さじ2
	青じそ（みじん切り）	2〜3枚
	しょうゆ	大さじ²⁄₃
	ごま油	大さじ½

作り方

1. トマトは薄いくし形に切る。
2. ボウルにAを混ぜ合わせ、①を加えてあえる。

香味野菜たっぷりのねぎしそだれがトマトとベストマッチ。食欲をそそります。

汁物／調理時間3分

トマトのオリーブみそ汁

材料｜2人分

トマト	½個
だし汁	カップ2
みそ、すり白ごま	各大さじ1½
オリーブオイル	大さじ½

作り方

1. トマトは小さめのざく切りにする。
2. 鍋にオリーブオイルを中火で熱してトマトをさっと炒め、だし汁を加えて煮立てる。
3. みそを溶き入れて器に盛り、すり白ごまをかける。

トマトにもうまみ成分、グルタミン酸がたっぷり。みそと一緒でますます滋味あふれるみそ汁に。

それでも残ってしまったら

丸のまま冷凍し、おでんやスープにも（冷凍庫で3週間保存可能）。
熱を加えると自然に皮がはがれてくるので、湯むき不要です。

なすを使いきる

主菜／調理時間10分

レンジなす豚香味だれ

材料｜2人分

なす	2本
豚ばら肉	200g
酒	大さじ1

A	にんにく（みじん切り）	小1かけ
	しょうが（みじん切り）	小1かけ
	長ねぎ（みじん切り）	大さじ2
	酢	大さじ2½
	しょうゆ	大さじ1½
	ごま油	大さじ1
	砂糖	大さじ⅔

作り方

1. なすはへたを除き、縦4等分に切る。Aは混ぜ合わせる。

2. なすに豚肉を巻きつけ、巻き終わりを下にして耐熱皿にのせ、酒を回しかける。ふんわりラップをして電子レンジで4分加熱し、そのまま少しおく。

3. 器に盛り、Aをかける。

なすがおいしい夏に一度は作ってほしい一品。うまみのからんだジューシーななすを堪能して。

副菜／調理時間5分

なすのレンジカポナータ風

材料｜2人分

なす	2本

A	赤唐辛子（小口切り）	1本
	にんにく（みじん切り）	小1かけ
	コンソメ顆粒	小さじ⅓

オリーブオイル	大さじ2
塩	小さじ⅓
こしょう	少々

作り方

1. なすはへたを除き、2cm角に切る。

2. 耐熱ボウルに①、A、オリーブオイル大さじ1を入れて混ぜ、ふんわりラップをして電子レンジで1分30秒加熱する。

3. 一度取り出し、塩、こしょう、残りのオリーブオイルを加えて軽く混ぜ合わせる。ラップをしてさらに2分30秒加熱し、そのまま冷ます。

電子レンジで作る簡単おかずはワインのおつまみに。冷蔵庫で冷やしてもおいしい（冷蔵庫で3日保存可能）。

さっぱりとした浅漬けもいいですが、油との相性も抜群のなす。香味野菜やピリ辛味で、おいしさを満喫しましょう。

副菜／調理時間7分

なすのきんぴら

材料｜2人分

なす	2本
赤唐辛子（小口切り）	1本
A　みりん	大さじ1
しょうゆ	大さじ⅔
砂糖	大さじ½
いり白ごま	少々
ごま油	大さじ1

作り方

① なすはへたを除き、長さを半分に切ってから縦6等分に切る。

② フライパンにごま油と赤唐辛子を入れて中火にかけ、焦がさないように炒める。①を加えて炒める。

③ Aを加えて強火にし、汁けがなくなるまで手早く炒め合わせる。

④ 器に盛り、白ごまをふる。

なすのうまみが味わえるピリ辛炒め。仕上げの白ごまで風味をプラス。

汁物／調理時間5分

なすとみょうがのみそ汁

材料｜2人分

なす	1本
みょうが	2個
だし汁	カップ2
みそ	大さじ2

作り方

① なすはへたを除き、縦半分に切ってから斜め薄切りにする。みょうがも同様に切る。

② 鍋にだし汁を入れて煮立て、なすを加える。

③ 再び煮立ったらアクを取り、みそを溶き入れてみょうがを加え、一煮する。

なす×みょうがのみそ汁は夏の定番。旬には何度でも作りたい一品。

残り物でもう1品レシピ 「なすの豆腐ディップ」

❶ なす大2本は丸ごとグリルで転がしながら焼き、竹串を使って皮をむく。包丁でたたいてつぶし、ボウルに入れる。
❷ 水けをきった木綿豆腐大さじ1½、オリーブオイル大さじ1、塩少々を加えて混ぜる（冷蔵庫で2〜3日保存可能）。
＊軽くトーストしたバゲットやクラッカーなどにつけて。白ワインにもぴったり。

白
菜
を
使
い
き
る

主菜／調理時間7分

白菜とえびのピリ辛甘酢炒め煮

材料｜2人分

白菜		大3枚
むきえび		150g
A	酒	大さじ1
	片栗粉	小さじ1
B	酢	大さじ1½
	酒、トマトケチャップ	各大さじ1
	しょうゆ	大さじ½
	砂糖	小さじ1
	豆板醤	小さじ⅓〜½
ごま油		大さじ1

作り方

1 むきえびはAをもみ込む。白菜は小さめのざく切りにする。Bは混ぜ合わせる。

2 フライパンにごま油の半量を中火で熱し、1のえびを炒める。色が変わったら取り出し、残りのごま油を熱して白菜を炒める。

3 ふたをして中火にし、ときどき混ぜながら3分ほど蒸し煮にしたらえびを戻し入れ、Bを加えて汁けが少なくなるまで炒め煮にする。

えびに酒と片栗粉をからめると、口当たりよく仕上がりつつ、えびのクセがなくなります。

主菜／調理時間8分

白菜と豚ばらの重ね蒸し

材料｜2人分

白菜		大4枚
豚ばら肉		150g
A	酒	大さじ1
	水	大さじ2
	鶏がらスープの素、塩	各小さじ½
	こしょう	少々
片栗粉（同量の水で溶く）		小さじ1

作り方

1 Aは混ぜ合わせる。白菜は大きめのざく切りにする。

2 耐熱皿に白菜を敷き、豚肉をのせるのをあと2回くり返し、最後に白菜になるように重ねたらAを回しかけ、ふんわりラップをして電子レンジで4分30秒加熱する。

3 そのまま冷まして粗熱を取り、食べやすい大きさに切り分けて器に盛る。

4 残った蒸し汁に、水溶き片栗粉を回し入れ、ラップなしで電子レンジで30秒加熱する。取り出してよく混ぜ、もう一度、電子レンジで30秒加熱して混ぜ、3にかける。

ゴージャスおかずも、レンジを上手に使えばあっという間にできあがり。

副菜／調理時間5分

白菜と塩昆布の
ゆずこしょう浅漬け

材料｜2人分

白菜	大4枚
塩昆布	5g
A みりん（ラップせずレンジで10秒加熱）	大さじ1
ゆずこしょう	小さじ½

作り方

❶ Aは混ぜ合わせる。

❷ 白菜の軸は5〜6cm長さの棒状に、葉はざく切りにして塩少々（分量外）をふり、塩もみして水けを絞る。

❸ ポリ袋に❶と塩昆布、❷の白菜を入れ、袋の上からよくもみ込む。

一晩つけると、ますますおいしくなります。冷蔵庫で3〜4日保存可能。

それでも残ってしまったら

ざく切りや太めの細切りにして軽く塩もみし、保存袋へ（冷蔵庫で4日保存可能）。そのまま浅漬けとして食べてもいいし、塩もみして余分な水分が抜けているので、炒め物がおいしく作れます。

汁物／調理時間7分

白菜と春雨のザーサイスープ

材料｜2人分

白菜	大2〜3枚
春雨（ショートタイプ）	30g
ザーサイ（味つき）	20g
しょうが（みじん切り）	小1かけ
溶き卵	1個分
A 水	カップ2½
鶏がらスープの素	小さじ⅓
塩	小さじ⅓
こしょう	少々
ごま油	大さじ1

作り方

❶ 白菜の軸は4〜5cm長さの棒状に、葉はざく切りにする。ザーサイは粗みじん切りにする。

❷ 鍋にごま油を中火で熱し、しょうがとザーサイを炒めたら白菜を加えてさっと炒め、Aを加えて煮立てる。

❸ 春雨を加えて3〜4分煮たら塩、こしょうで味を調え、溶き卵を細く流し入れる。ふんわりしたら、すぐ火を止める。

＊ 水と鶏がらスープの素は、中華風水だし（p.7）で代用できます。

体が温まるスープ。うまみがしみた春雨もこのスープの魅力です。

主菜／調理時間7分

にんじんと豚こまの一口かき揚げ

材料｜2人分

にんじん	⅔本
豚こま切れ肉	100g
天ぷら粉、冷水	各カップ½
サラダ油	適量
塩	適量

作り方

1. にんじんは斜め薄切りにしてからせん切りにする。豚肉は食べやすい大きさに切る。
2. ボウルに天ぷら粉と分量の冷水を入れて混ぜたら❶を加え、さっくり混ぜ合わせる。
3. フライパンに1cmほどサラダ油を入れて中温（170℃）に熱し、2分揚げたら返して3分ほど揚げ、油をきる。
4. 器に盛り、塩を添える。

衣をつけすぎず、形を平らに整えるのが、かき揚げをサクサクに仕上げるコツ。

副菜／調理時間5分

リーフサラダ にんじんドレッシング

材料｜2人分

A	にんじん（すりおろす）	½本
	酢	大さじ2
	オリーブオイル	大さじ1½
	砂糖	小さじ1
	塩	小さじ⅓
	こしょう	少々
ベビーリーフ		1袋

作り方

1. Aは混ぜ合わせる。
2. 器にベビーリーフを盛り、❶のドレッシングをかける。

酸味をきかせて、さっぱりと。栄養たっぷりのドレッシングです。

にんじんに豊富に含まれているβ-カロテンは油に溶けやすく、一緒に摂取することで吸収率がアップします。

副菜／調理時間8分

にんじんとオレンジのラペ

材料｜2人分

にんじん		1½本
オレンジ		1個
A	酢	大さじ2½
	オリーブオイル	大さじ2
	砂糖	大さじ1
	塩	小さじ⅓
	粗びき黒こしょう	少々

作り方

1. にんじんは斜め薄切りにしてからせん切りにし、ボウルに入れて塩小さじ½（分量外）をふってよくもみ込み、しばらくおいて水けをしっかり絞る。
2. オレンジは外皮と薄皮をむいて一口大にちぎる。
3. ボウルにAを混ぜ合わせ、❶、❷を加えて混ぜ、なじませる。

10分も待たずに食べられますが、1日おくとより味がなじんで、いっそうおいしい。

汁物／調理時間5分

にんじんとベーコンのスープ

材料｜2人分

にんじん	⅓本
ベーコン	2枚
水	カップ2
塩	小さじ⅓
こしょう	少々
オリーブオイル	大さじ½

作り方

1. にんじんは3～4cm長さの棒状に、ベーコンは1cm幅に切る。
2. 鍋にオリーブオイルを中火で熱してベーコンを炒め、にんじんを加えて炒め合わせる。
3. 分量の水を加え、にんじんがやわらかくなるまで煮たら、塩、こしょうで味を調える。

ベーコンのうまみがにんじんの甘さとマッチして、味わい深いスープに。

残り物でもう1品レシピ　「レンジグラッセ」

❶にんじん1本（200g）は一口大の乱切りにして耐熱皿にのせる。❷バターと砂糖各大さじ1½をのせ、ふんわりとラップをかけて電子レンジで7～8分加熱する（冷蔵庫で4日保存可能）。
＊お弁当にも便利。メインに添えれば彩り豊かに。

じゃがいもを使いきる

主菜／調理時間10分

マッシュポテトの
簡単ミートソースがけ

材料｜2人分

じゃがいも	2個
合いびき肉	150g
A ウスターソース	大さじ1½
トマトケチャップ	大さじ1
砂糖	小さじ1
塩、コンソメ顆粒	各小さじ¼
オリーブオイル	大さじ½
パセリ（みじん切り）	少々

作り方

1 じゃがいもは1cm厚さのいちょう切りにする。耐熱ボウルに入れてふんわりラップをし、電子レンジで3分加熱したらマッシャーで粗くつぶし、器に盛る。

2 フライパンにオリーブオイルを中火で熱し、ひき肉をポロポロになるまで炒めたらAを順に加えて弱めの中火にし、2～3分炒める。

3 **1**にかけ、パセリを散らす。

10分で作れるボリュームおかず。粗くつぶしたじゃがいもが、ちょうどよい食感に。

副菜／調理時間7分

じゃがいもの照り焼き

材料｜2人分

じゃがいも	1個
A しょうゆ、みりん	各大さじ1
砂糖	大さじ½
七味唐辛子	適量
サラダ油	大さじ1

作り方

1 じゃがいもは5～6mm厚さの半月切りにして、2～3分水にさらす。Aは混ぜ合わせる。

2 フライパンにサラダ油を弱めの中火で熱し、水けをきったじゃがいもを1～2分焼いたら返してふたをし、2～3分蒸し焼きにする。

3 強火にしてAを回し入れ、手早くからめる。

じゃがいもは水にさらしてぬめりを取り、さっぱり仕上げに。照り焼きだれ（p.8）で代用しても。

それでも残ってしまったら

常温でも保存できるじゃがいもですが、ネックは芽。できるだけ光に当てず、風通しのよい冷暗所に保存して。

副菜／調理時間8分

じゃがいものピリ辛ポン酢

材料｜2人分

じゃがいも	1個
長ねぎ	½本
A ポン酢	大さじ2½
ごま油	大さじ1½
赤唐辛子（小口切り）	1本
サラダ油	大さじ3

作り方

① Aは混ぜ合わせる。

② 長ねぎは縦半分に切ってから斜め薄切りにして耐熱ボウルに入れ、ふんわりラップをして電子レンジで1分加熱したら、①を加えてなじませる。

③ じゃがいもは7〜8mm幅の棒状に切る。

④ フライパンにサラダ油を入れて中温（170℃）に熱し、③を3〜4分揚げて油をきる。熱いうちに②に加えてなじませる。

ごま油入りのピリ辛マリネ液になじませた、長ねぎとじゃがいものハーモニーを味わって。

汁物／調理時間7分

じゃがいもと
ソーセージのミルクスープ

材料｜2人分

じゃがいも	大1個
ソーセージ	3本
A 水	カップ1½
コンソメ顆粒	小さじ½
牛乳	カップ½
塩	小さじ⅓
こしょう	少々
粉チーズ	適量

作り方

① じゃがいもは7〜8mm厚さのいちょう切りにし、水にさらす。ソーセージは斜め切りにする。

② 鍋にAと水けをきったじゃがいも、ソーセージを入れて煮立てる。じゃがいもがやわらかくなったら牛乳を加えて一煮し、塩、こしょうで味を調える。

③ 器に盛り、粉チーズをふる。

＊ 水とコンソメ顆粒は、洋風水だし（p.7）で代用できます。

寒い日に飲みたいスープ。心まで温まりそうな優しい味わい。

65

玉ねぎを使いきる

| 主菜／調理時間8分 |

玉ねぎと豚しゃぶ肉の
エスニック炒め

材料｜2人分

玉ねぎ		1個
豚しゃぶしゃぶ用肉		150g
生バジル		10枚
A	ナンプラー	大さじ1½
	酢	大さじ1
	砂糖、しょうゆ	各大さじ½
サラダ油		大さじ1

作り方

1. 玉ねぎは薄切りにする。Aは混ぜ合わせる。
2. フライパンにサラダ油の半量を中火で熱し、豚肉を色が変わるまで炒めたら、一度取り出す。
3. 残りの油を加えて熱し、玉ねぎを少ししんなりするまで炒めたら、肉を戻し入れる。
4. Aを加えて手早く炒め、バジルをちぎりながら加えてさっと炒め合わせる。

バジルとナンプラーでエスニック風味をプラス。フレッシュなバジルを加えたあとはさっと仕上げて。

| 副菜／調理時間7分 |

甘辛玉ねぎの卵とじ

材料｜2人分

玉ねぎ		1個
A	だし汁	カップ½
	みりん	大さじ1
	しょうゆ	大さじ⅔
	砂糖	大さじ½
溶き卵		2個分

作り方

1. 玉ねぎはくし形に切る。
2. 鍋にAと玉ねぎを入れて3～4分煮る。
3. 溶き卵を細く流し入れ、ふんわりしたらすぐ火を止める。

あと1品欲しいとき、家にある材料ですぐできる、簡単おかず。

それでも残ってしまったら

p.5で紹介したように茶色い外皮だけをむき、冷蔵庫に入れて保存しておくと使いやすいうえ、切るときに涙の出る成分が抑えられます。

副菜／調理時間5分

玉ねぎとサーモンの
レモンマリネ

材料｜2人分

玉ねぎ		½個
スモークサーモン		50g
A	レモン汁	1個分
	レモンの輪切り（いちょう切り）	2枚
	オリーブオイル	大さじ2
	砂糖	大さじ½
	塩	小さじ¼
	粗びき黒こしょう	少々

作り方

1 ボウルにAを混ぜ合わせる。

2 スモークサーモンは手で食べやすい大きさにちぎる。玉ねぎはごく薄切りにして塩少々（分量外）をふって塩もみし、しんなりしたら2〜3分水にさらして絞る。

3 ❶に❷を加え、6〜7分以上なじませる。

白ワインのおつまみにぴったり。見た目も鮮やかでテーブルが華やぎます。

汁物／調理時間10分

簡単オニオングラタン風スープ

材料｜2人分

玉ねぎ		½個
バター		大さじ1
A	水	カップ2
	コンソメ顆粒	小さじ½
塩		小さじ½
こしょう		少々
とろけるチーズ		30〜40g

作り方

1 玉ねぎは薄切りにして耐熱ボウルに入れ、ふんわりラップをして電子レンジで3分30秒加熱する。

2 鍋にバターを中火で熱し、❶の玉ねぎを3分ほど炒めたらAを加える。

3 煮立ったら、塩、こしょうで味を調えてチーズを加え、器に盛る。

＊ 水とコンソメ顆粒は、洋風水だし(p.7)で代用できます。

玉ねぎをレンチンすると、じっくりとフライパンで炒めたようなコクと甘みが生まれます。

小松菜を使いきる

主菜／調理時間8分

マーボー小松菜

材料｜2人分

小松菜		1袋（200g）
豚ひき肉		150g
A	水	カップ⅓
	酒	大さじ1½
	みそ	大さじ1
	砂糖	大さじ⅔
	しょうゆ	大さじ½
	片栗粉	小さじ1
	豆板醤	小さじ½〜1
	鶏がらスープの素	小さじ½
B	にんにく（みじん切り）	小1かけ
	しょうが（みじん切り）	小1かけ
サラダ油		大さじ1
ごま油		少々

作り方

1. 小松菜は根元を切り落とし、3cm長さに切る。**A**は混ぜ合わせる。

2. フライパンにサラダ油を熱し、**B**を焦がさないように炒めたら、ひき肉を加えてポロポロになるまで炒める。

3. 洗った小松菜の水をきらずにそのまま加えてふたをし、弱めの中火で2〜3分蒸し煮にする。

4. **A**をもう一度よく混ぜてから加え、とろみが出るまで煮つめて、仕上げにごま油をふる。

たれは多めに作って、他の野菜炒めに使っても。

ご飯物／調理時間7分

小松菜チャーハン

材料｜2人分

小松菜	1袋（200g）
溶き卵	2個分
温かいご飯	茶碗2杯分
サラダ油、酒	各大さじ1
塩	小さじ½
しょうゆ、ごま油	各少々

作り方

1. 小松菜は根元を切り落とし、1cm長さに切る。

2. フライパンにサラダ油の半量を熱して溶き卵を流し入れ、ふんわりしてきたら大きく混ぜて取り出す。

3. フライパンに残りの油を足して❶の小松菜を炒め、酒をふり、弱めの中火でさらに1〜2分炒める。

4. ご飯を加えて炒め合わせ、塩としょうゆで味を調えたら❷の卵を戻し入れ、大きく炒め合わせ、仕上げにごま油をふる。

手早く仕上げるのがおいしさのコツ。材料をすべて用意してから調理を始めるとスムーズです。

副菜／調理時間5分

小松菜のめんつゆしょうがあえ

材料｜2人分

小松菜	½袋（100g）
A めんつゆ（3倍濃縮）	大さじ2
水	カップ¼
しょうが（せん切り）	1かけ

作り方

① ポリ袋にAを混ぜ合わせる。

② 小松菜は根元を切り落とし、よく洗って4～5cm長さに切る。

③ 耐熱ボウルに入れてふんわりラップをし、電子レンジで3分加熱したら、水けを軽くきり、熱いうちに①に入れて軽くもみ、4分おく。

小松菜は熱いうちにつけ汁に入れ、軽くもむことで味がなじみます。時間があるときは1時間以上おいてから、どうぞ。長くおくと味わいが深くなります。

汁物／調理時間5分

小松菜のガーリックスープ

材料｜2人分

小松菜	½袋（100g）
にんにく（粗みじん切り）	大1かけ
ごま油	大さじ1
A 水	カップ2
鶏がらスープの素	小さじ½
塩、粗びき黒こしょう	各少々

作り方

① 小松菜は根元を切り落とし、2cm長さに切る。

② フライパンにごま油を中火で熱し、にんにくを炒める。香りが出たら、①の小松菜を加えて炒め合わせ、Aを加えて煮立てる。

③ 2～3分煮たら、塩、粗びき黒こしょうで味を調える。

＊ 水と鶏がらスープの素は、中華風水だし(p.7)で代用できます。

小松菜は炒めて、香ばしさをプラス。

それでも残ってしまったら

さっとゆでて保存するのもいいですが、生のまま、ざく切りにして保存袋に入れ、冷凍しても（冷凍庫で3～4週間保存可能）。冷凍小松菜は炒め物や煮物に。

たらとかぶのマスタード マヨホイル蒸し

材料｜2人分

かぶ	2個
生たら	2切れ
A マヨネーズ	大さじ2
粒マスタード	大さじ1
酒	大さじ1½

作り方

❶ かぶは茎を3cm残して皮をむき、4〜6等分のくし形に切る。たらは3等分に切る。**A**は混ぜ合わせる。

❷ アルミホイルにたらとかぶの半量を並べて**A**の半量をかけ、ホイルの口を閉じる。同様にもう一つ作る。

❸ フライパンに❷をのせてふたをし、中火で7〜8分蒸す。

アルミホイルは大きめに切ると、うまく包めます。

薄切りかぶのピリ辛甘酢

材料｜2人分

かぶ	2個
A 酢	カップ¼
砂糖	大さじ1
しょうゆ	小さじ1
ごま油	少々
赤唐辛子（小口切り）	1本

作り方

❶ かぶは皮を厚めにむいて4〜5mm厚さの半月切りにし、ボウルに入れて塩少々（分量外）をふる。

❷ 別のボウルに**A**を混ぜ合わせ、❶の水けを絞って加え、なじませる。

かぶはあらかじめ塩をふり、余分な水分を出してからつけ汁となじませて。多めに作っても（冷蔵庫で4〜5日保存可能）。

副菜／調理時間3分

かぶの葉のおかか炒め

材料｜2人分

かぶの葉	2個分
削り節	2パック（約10g）
みりん、しょうゆ	各大さじ1
ごま油	大さじ½

作り方

1 かぶの葉は1cm長さに刻む。

2 フライパンにごま油を中火で熱し、かぶの葉を炒めてみりんとしょうゆを加え、さらに炒める。

3 最後に削り節を加えて混ぜ合わせる。

これも作りおきして、熱々ご飯のお供に（冷蔵庫で2〜3日保存可能）。

副菜／調理時間5分

かぶの葉ナムル

材料｜2人分

	かぶの葉	2個分
A	にんにく（すりおろし）	少々
	すり白ごま	大さじ1½
	ごま油	大さじ1
	塩	小さじ⅓

作り方

1 ボウルにAを混ぜ合わせる。

2 かぶの葉は2cm長さに切る。耐熱ボウルに入れてふんわりラップをし、電子レンジで1分30秒加熱し、軽く水けを絞る。

3 2を1に加えてあえる。

かぶの葉以外でも、ほうれんそう、もやしなどもおいしいナムルにできます。

それでも残ってしまったら

葉をつけたままにしておくと栄養分や水分が葉にいってしまうので、早めに切り落として。身は保存袋で冷蔵庫保存（3〜4日保存可能）、葉はさっとゆでて冷凍保存を（3週間保存可能）。

かぼちゃを使いきる

主菜／調理時間8分

かぼちゃと牛こまの カレーソース炒め

材料｜2人分

かぼちゃ		300g
牛切り落とし肉		120g
A	酒	大さじ1½
	中濃ソース	大さじ1
	カレー粉	小さじ1
	コンソメ顆粒	小さじ½
	塩	少々
サラダ油		大さじ1

作り方

① かぼちゃは種とわたを取って4〜5mm幅のくし形に切り、さらに半分に切る。牛肉は食べやすい大きさに切る。Aは混ぜ合わせる。

② フライパンにサラダ油の半量を中火で熱し、牛肉を炒めて色が変わってきたら、取り出す。

③ 残りのサラダ油を熱し、かぼちゃを入れてさっと両面を焼いてふたをし、弱めの中火で2分ほど蒸し焼きにする。

④ ②の牛肉を戻し入れてAを加え、全体になじませたら大きく炒め合わせる。

カレーソースとほんのり甘いかぼちゃはいいコンビ。ふたをして蒸し焼きにし、早く火を通して。

副菜／調理時間10分

かぼちゃと鶏ひきのとろみ煮

材料｜2人分

かぼちゃ		300g
鶏ももひき肉		120g
A	だし汁	カップ1
	酒、みりん、しょうゆ	各大さじ1
サラダ油		大さじ½
片栗粉（倍量の水で溶く）		小さじ½
しょうが（みじん切り）		小1かけ

作り方

① かぼちゃは種とわたを取り、一口大に切る。

② 鍋にサラダ油を中火で熱し、ひき肉を完全に色が変わるまで炒めたら、Aを加えて煮立てる。アクを取り、かぼちゃを加えて弱めの中火で4〜5分煮る。

③ 水溶き片栗粉を回し入れてとろみをつける。

④ 器に盛り、しょうがを散らす。

片栗粉でとろみをつけ、うまみを封じ込めて。

薄切りにすると火の通りが早いかぼちゃ。切るのが苦手な人は、少し電子レンジで加熱すると切りやすくなります。

かぼちゃのベーコン巻きソテー

材料｜2人分

かぼちゃ	200g
ベーコン	6枚
酒	大さじ1
粗びき黒こしょう	適宜

作り方

1. かぼちゃは種とわたを取って6等分のくし形に切り、ベーコンで巻く。

2. フライパンを弱めの中火で熱し、ベーコンの巻き終わりを下にして入れ、1〜2分焼きつける。

3. 返して酒を回し入れ、ふたをして3〜4分蒸し焼きにする。好みで粗びき黒こしょうをふる。

ベーコンの巻き終わりを下にしてしっかり焼きつけると、裏返してもほどけません。

ほうとう風汁

材料｜2人分

かぼちゃ	200g
豚こま切れ肉	150g
油揚げ	½枚
長ねぎ	5〜6cm
だし汁	カップ2½
酒	大さじ½
みそ	大さじ2

作り方

1. かぼちゃは種とわたを取って皮をところどころむき、一口大に切る。豚肉は食べやすい大きさに切る。油揚げは細切りに、長ねぎは小口切りにする。

2. 鍋にだし汁とかぼちゃを入れて煮立て、豚肉、油揚げ、長ねぎ、酒を加える。

3. アクを取りながら3〜4分煮たら弱火にし、みそを溶き入れ、かぼちゃがやわらかくなるまで煮る。

寒い日には体が芯から温まります。加える素材を厳選し、手早く仕上げて。

それでも残ってしまったら

種とわたをスプーンできれいに取って保存すると傷みにくくなります。使いやすい大きさに切って冷凍して（冷凍庫で3週間保存可能）。

レタスを使いきる

レタスのさっとソテー オイスター風味

材料｜2人分

レタス	½個
A 酒	大さじ1
鶏がらスープの素	小さじ¼
オイスターソース	大さじ½
ごま油	大さじ½

作り方

1 Aは混ぜ合わせる。

2 レタスは4等分のくし形に切る。フライパンにごま油を強めの中火で熱し、レタスを入れて30〜40秒焼きつけたら、1を加えて全体にからめる。

ざっくりと大きく切ることで時短になるのはもちろん、食べごたえあり。すぐ火が通るので、手早く仕上げて。

レタスとしらすのごま油あえ

材料｜2人分

レタス	大3枚
しらす干し	20g
塩	小さじ¼
ごま油	大さじ1

作り方

1 レタスは太めのせん切りにして塩をふり、軽くもんで水けをきる。

2 ボウルに材料をすべて入れてよくあえる。

レタスとしらすだけで、小さなおかずが完成。しらすの塩味とごま油の風味でシンプルに。

それでも残ってしまったら

すぐ火が通り、量が食べられるので、レタスしゃぶしゃぶなど鍋物の具にも。ちぎって保存袋に入れ、オリーブオイルを加えてあえておくと（冷蔵庫で2日保存可能）、サラダや炒め物にも便利です。

副菜／調理時間3分

レタスのオリーブ甘じょうゆあえ

材料｜2人分

レタス		大3枚
A	オリーブオイル	大さじ1
	しょうゆ	大さじ½
	砂糖	小さじ1

作り方

1 レタスは大きめにちぎる。

2 ボウルにAを混ぜ合わせ、水けをよくきった1のレタスを加え、手で軽くもむようにしてあえる。

しょうゆ×砂糖がレタスにピッタリ。意外なおいしさに驚くはず。

汁物／調理時間5分

レタスと帆立て缶の中華風スープ

材料｜2人分

レタス		大3枚
A	水	カップ2
	酒	大さじ½
	鶏がらスープの素	小さじ⅓
帆立て水煮缶		1缶（80g）
塩		小さじ½
こしょう		少々
片栗粉（倍量の水で溶く）		小さじ½

作り方

1 レタスは小さめのざく切りにする。

2 鍋にAを入れて中火にかけ、煮立ったら、レタスと帆立てを缶汁ごと加え、塩、こしょうで味を調える。

3 水溶き片栗粉を回し入れ、とろみをつける。

＊ 水と鶏がらスープの素は、中華風水だし(p.7)で代用できます。

たった5分でできる、うまみたっぷりの簡単スープです。

ピーマンを使いきる

ピーマンと豚こまの
ピリ辛みそだれ炒め

材料｜2人分

ピーマン	4個
豚こま切れ肉（食べやすい大きさに切る）	120g
A　酒	大さじ2
みそ	大さじ1
砂糖	大さじ½
しょうゆ	小さじ1
豆板醤	小さじ¼〜⅓
サラダ油	大さじ½

作り方

1 ピーマンはへたと種を取り、一口大の乱切りにする。Aは混ぜ合わせる。

2 フライパンにサラダ油を中火で熱し、豚肉を色が変わるまで炒めたらピーマンを加えて炒め合わせる。

3 Aを加え、手早く炒め合わせる。

コクのあるみそだれは、ピーマンのほかになすやキャベツなどと炒めても。

ピーマンとじゃこの甘煮

材料｜2人分

ピーマン	3個
ちりめんじゃこ	20g
A　酒	大さじ1
砂糖、みりん、しょうゆ	各大さじ½
ごま油	大さじ½

作り方

1 ピーマンはへたと種を取り、乱切りにする。

2 フライパンにごま油を中火で熱し、じゃこを焦がさないように炒める。

3 ピーマンを加えて炒め合わせたらAを順に加え、汁けがなくなるまで煮る。

しっかり味でご飯がすすむ味。あらかじめじゃこを炒め、余分な水分をとってから煮ると味がしまります。

副菜／調理時間8分

細切りピーマンの生ハム巻き

材料｜2人分

ピーマン	2個
生ハム（小さめのもの）	8枚
フレンチマスタード	適宜

作り方

1 ピーマンはへたと種を取り、縦に細切りにする。

2 耐熱ボウルに❶を入れてふんわりラップをし、電子レンジで30秒加熱する。

3 粗熱が取れたら生ハムで巻き、器に盛る。好みでフレンチマスタードを少量のせる。

ピーマンはレンチンして食べやすく。急ぎのおつまみにもおすすめのレシピです。

副菜／調理時間7分

ピーマンと油揚げのめんつゆ煮

材料｜2人分

ピーマン		3個
油揚げ		1枚
A	水	カップ½
	めんつゆ（3倍濃縮）	大さじ1½

作り方

1 ピーマンは半分に切ってへたと種を取り、縦4等分に切る。油揚げは小さめの三角形に切る。

2 鍋にAを入れて煮立て、❶を加えて中火で3〜4分煮る。

ピーマンはくったりと煮て。時間が経つほうが、味がしみるので作りおきしても（冷蔵庫で2日保存可能）。

残り物でもう1品レシピ 「ピーマンだれ」

❶ピーマン小1個はみじん切りにし、塩少々をふって少しおき、水けを絞る。❷ボウルに①のピーマンとオリーブオイル大さじ2、酢または白ワインビネガー大さじ1½、塩小さじ⅓、こしょう少々を入れて混ぜ合わせる（冷蔵庫で3〜4日保存可能）。

＊から揚げや魚のフライにかけても GOOD。

ご
ぼ
う
を
使
い
き
る

主菜／調理時間10分

ごぼうと豚ひきの香味炒め

材料｜2人分

ごぼう		½本（70g）
豚ひき肉		120g
A	オイスターソース	小さじ1
	しょうゆ、酒	各大さじ1
	砂糖	大さじ½
B	にんにく（みじん切り）	1かけ
	しょうが（みじん切り）	1かけ
	長ねぎ（みじん切り）	½本
水		カップ¼
サラダ油		大さじ1

作り方

① ごぼうは皮をよく洗って4〜5mm厚さの斜め薄切りにしてから太めのせん切りにし、水にさらす。Aは混ぜ合わせる。

② フライパンにサラダ油を中火で熱し、Bを焦がさないように炒め、ひき肉を加えてポロポロになるまで炒める。

③ 水けをきった①のごぼうと分量の水を加えてふたをし、弱めの中火で4分ほど蒸し焼きにする。ふたを取って火を強め、Aを加えて手早く炒め合わせる。

たっぷりの香味野菜がごぼうとマッチ。ご飯にのせても。

副菜／調理時間10分

ガーリック塩きんぴら

材料｜2人分

ごぼう		½本（70g）
A	ごま油	大さじ1
	赤唐辛子（小口切り）	1本
	にんにく（粗みじん切り）	1かけ
B	水	大さじ1
	鶏がらスープの素	小さじ¼
塩		小さじ⅓
粗びき黒こしょう		適量

作り方

① ごぼうは皮をよく洗い、3〜4mm厚さの斜め薄切りにしてからせん切りにし、水にさっとさらす。

② フライパンにAを中火で熱し、にんにくを焦がさないように炒めたら、水けをよくきった①を炒める。

③ 全体に油がなじんだらBを加えてふたをし、弱火で1〜2分蒸し煮にしたら塩を加え、粗びき黒こしょうをやや多めにふる。

嚙むほどにうまみの出る、塩きんぴら。にんにくがきいてます。

副菜／調理時間8分

ごぼうと昆布のすし酢煮

材料｜2人分

ごぼう	½本（70g）
切り昆布（食べやすい長さに切る）	100g
A 水	カップ½
すし酢	大さじ2½

作り方

① ごぼうは皮をよく洗って薄いささがきにし、水にさらす。

② 鍋にAを入れて煮立て、水けをきった①と切り昆布を加えて、3〜4分煮る。

昆布のうまみとさっぱりすし酢でごぼうをおいしく。日持ちもするので、作りおきしても（冷蔵庫で4〜5日保存可能）。

汁物／調理時間8分

ごぼうのけんちん汁

材料｜2人分

ごぼう	½本（70g）
木綿豆腐	⅓丁（100g）
だし汁	カップ2
ごま油	大さじ½
A 塩	小さじ⅓
しょうゆ	小さじ⅓
万能ねぎ（小口切り）	1本

作り方

① ごぼうは皮をよく洗い、斜め薄切りにし、水にさらす。豆腐はキッチンペーパーに包んで3分ほど水けをきり、手でちぎる。

② 鍋にごま油を中火で熱し、水けをよくきったごぼうを炒め、だし汁、豆腐を加えて煮立てる。

③ アクを取り、中火でごぼうがやわらかくなるまで煮たらAで味を調える。

④ 器に盛り、万能ねぎを散らす。

ごぼうのうまみがしっかりと汁にしみ出したお椀。加えるのは木綿豆腐だけでOK。

残り物でもう1品レシピ 「梅ごぼう」

❶ごぼう100gは細めで長めの乱切りにし、鍋に入れて水カップ1½を加え、ゆでる。❷やわらかくなるまで15分ほど煮たら、しょうゆ大さじ1⅓、みりん大さじ1、砂糖大さじ½を加える。❸一煮立ちしたら梅干し大1個をちぎり入れ、煮汁が少なくなるまで弱火で煮る（冷蔵庫で1週間保存可能）。
＊箸休めにどうぞ。

武蔵裕子
Yuko Musashi

料理研究家。両親と息子2人という3世代の食卓を、長年切り盛りしてきた著者。毎日の暮らしの中から編み出されたレシピはどれもムダがなく、それでいて愛情たっぷり。書籍や雑誌のほか、企業のメニュー開発や講習会などでも活躍中。著書に『魚焼きグリルでかんたん本格レシピ(グリルプレートつき!)』(世界文化社)、『体にいい 時短おかず』(永岡書店)、『「水だし」&「野菜水だし」』(主婦の友社)など多数。

ブックデザイン
小橋太郎(Yep)

撮影
嶋田礼奈(本社写真部)

スタイリング
大畑純子

調理アシスタント
大場裕美

編集
橘内美佳

講談社のお料理BOOK

15分で一汁一菜
毎日のごはんはこれでいい!

2017年12月13日　第1刷発行
2018年 2 月 1 日　第2刷発行

著　者　武蔵裕子
発行者　鈴木 哲
発行所　株式会社 講談社
　　　　〒112-8001　東京都文京区音羽2-12-21
　　　　編集／☎03-5395-3527
　　　　販売／☎03-5395-3606
　　　　業務／☎03-5395-3615
印刷所　大日本印刷株式会社
製本所　株式会社若林製本工場

ISBN978-4-06-509107-4
©Yuko Musashi 2017, Printed in Japan